Restart 日本語

Restart 日本語

리스타트 일본어

BOOKSTORY

모국어 간섭을 배제한 외국어 학습서

외국어는 이미지와 함께 배울 때 가장 효과적!

그동안 「Grammar in Use」와 같은 영어로 영어를 공부하는 책이 꾸준한 사랑을 받아왔으며, 최근에는 그림과 영어로만 이루어진 영어 학습서들이 독자들에게 뜨거운 사랑을 받고 있습니다. 이런 책들의 핵심 목표는 모국어 간섭을 받지 않는 외국어 학습에 있습니다. 한국어로 이해하고 그것을 외국어로 번역하여 떠올리는 것이 아니라, 그림이나 상황을 외국어로 바로 떠올리며 학습하는 것입니다. 이러한 모국어를 배제한 학습 방법은 몇 가지 이유에서 매우 효과적이라 할 수 있습니다.

- 어떤 상황에 가장 어울리는 최적의 단어를 순간적으로 끌어내는 데에 매우 효과가 크다.
- 그렇기 때문에 자연스럽게 생활 외국어로 이어진다.
- 그림을 보고 단어를 생각해내는 것은 학습인 동시에 문제풀이도 되므로 이중 학습효과를 얻을 수 있다.
- 모국어가 최대한 배제되어 100% 외국어 환경에서 학습을 하는 효과가 있다.
- 직독직해와 작문능력의 기초능력이 마련된다.

이처럼 모국어 간섭을 배제한 외국어 학습법은 좀더 효율적인 학습을 가능케 합니다. 특히 이미지와 결합한 외국어 학습은 초보자에게도 쉽게 다가갈 수 있을 뿐만 아니라 기억을 장기화하고, 언어의 뉘앙스를 생생하게 익히는 데 가장 효과적이라 할 수 있습니다. 영어에서 이러한 학습 방법은 이미 그 효과가 입증되었으며 일본어의 경우에도 표본 집단을 대상으로 테스트를 진행해본 결과, 역시 괄목할 만한 성과가 있었습니다. 그 경험담은 다음 페이지에 소개하겠으니 효과를 보신 분들의 경험담을 읽고 용기를 내어 다시 한 번 도전해보시기 바랍니다.

문법 NO ! 상황 이해 OK !

보통 학습서는 동사, 형용사와 같은 문법 설명을 위주로 구성되어 있어요. 하지만 막상 외국어로 말을 하려고 해도 얼른 문법이 적용되지 않는 것을 느끼셨을 겁니다. 이 책은 한글 설명 없이 간단한 그림과 기초적인 단어, 짧은 문장만으로 이루어져 있는데요. 그림으로 상황을 제시하고 그것을 일본어로 생각하게 하는 것이 이 책의 가장 큰 특징이라고 할 수 있겠네요.

– 서울 양천구 목동 김지현 님(30세, 여)

그림을 보면 일본어 단어가 생각나요 !

처음에 그림을 보니 아무 생각 안 나더군요. 그런데 몇 페이지 정도 읽어보니까 그 그림을 한마디로 요약하는 '단어'가 생각나는 게 아니겠어요? 어디론가 달려가는 그림을 보면 '하시루(달리다)' 나 '이꾸(가다)' 같은 단어가 퍼뜩 떠오르는 겁니다.

– 인천 부평구 부평동 조규식 님(26세, 남)

문장이 일본어로 생각나요!

지나가는 고양이를 보면 "아! 네꼬다!(아! 고양이다!)" "쿠로이 네꼬다!(검은 고양이다!)" 또는 "쿠로이 네꼬가 입삐끼 이루!(검은 고양이가 한 마리 있다!)" 정도의 문장이 저절로 입에서 튀어나와요. 더 나아가 제 주위의 사물과 사건을 저도 모르게 일본어로 생각하는 경험을 하게 되었어요.

– 서울 강남구 논현동 한지희 님(24세, 여)

일본어로 중얼거리게 돼요!

책을 두 번 정도 읽으니까 주변 상황을 일본어로 중얼거리는 버릇이 생기더라고요. '내 주위에 사람이 몇 명 있다' '집은 멀다' '전철을 타고 간다' '한 시간 걸린다' 등등 아직은 좀 미숙하지만 짧은 단어를 자꾸 이어 붙여서 문장을 만들고 미친 사람처럼 자꾸 중얼거리게 됩니다.

– 경기 시흥시 정왕동 이도수 님(27세, 남)

자신감이 생겨요!

사실 그동안 일본어 책을 되게 많이 샀는데 끝까지 본 책은 하나도 없고, 포기했다가 다시 시작하고 또 포기하고 그랬거든요. 그러다가 이게 마지막이라는 생각으로 본 책인데 뒤의 연습문제까지 다 풀어버렸어요. 자신감이 생기네요. 다음 책 언제 나와요?

– 서울 마포구 용광동 김윤진 님(28세, 여)

오래전에 포기했던 일본어. 다시 시작하렵니다

원고를 보는 순간 고등학교 때 제2외국어로 배웠던 일본어가 새록새록 다시 생각나네요. 페이지를 넘길 때마다 "맞다, 이거 배웠었지" 하면서 괜히 기분이 업되더군요. 그러다 보니 자신감도 생기고요. 책이 나오면 다시 시작해서 저의 경쟁력으로 삼을 겁니다.

– 서울 성북구 삼양동 최은영 님(26세, 여)

간단한 문장을 반복하는 것이 외국어 실력 향상의 지름길입니다

외국어를 배울 때 문법만 외우는 경우가 많은데, 일단 기본 문장을 먼저 외우고 나서 문법을 공부하면 더 좋은 것 같습니다. 쉬운 문장이 계속 반복되니까 문법이 저절로 익혀지고 단어도 쉽게 외워지더군요. 일본어 공부하다 계속 실패하신 분은 이 책으로 다시 도전해보세요.

– 서울 구로시 구로동 홍성기 님(32세, 남)

이거 될 것 같네요. 쉬워 보여요

전 일본어를 전혀 모르는데요, 그림만 봐도 대충 내용이 짐작이 가더군요. 그럼 아, 이 단어는 이런 뜻이겠구나, 하는 감이 팍 오더라고요. 그리고 단어를 찾아보면 아니나 다를까 제 생각이 맞더군요. 일단 한글로 읽는 법이 적혀 있어서 따로 일본어 글자를 외우지 않아도 부담 없이 시작할 수 있는 것 같네요.

– 서울 강남구 서초동 김서연 님(25세, 여)

일본어 공부하고 싶어지게 만드는군요

취업 때문에 한 달 정도 문법책 보면서 독학했었는데요, 조금 하다가 포기했어요. 히라가나도 다 잊어버리고 건진 거라곤 '와따시와 강꼬꾸진' 요거뿐이네요. 한동안 잊고 지내다가 이 책을 봤는데 반 정도 읽으니까 일본어가 어떤 언어인지 대충 감이 오더라고요. 저번에 하던 게 생각나서인가? 일본어 공부를 하고 싶게 만드는 책이랄까…. 하여튼 이 책은 그렇습니다.

– 경기 부천시 송내동 정현우 님(28세, 남)

모 꾸지

CONTENTS

■ 이 책에 대하여 4

■ 사전 평가단의 추천 6

리 스 따- 또
■ リスタート日本語 RESTART JAPANESE 13

■ 練習問題 EXERCISES 163

■ 解答 ANSWERS 195

와- 도 리 스 또
■ ワードリスト WORD LIST 199

■ 基礎文法 BASIC GRAMMAR 211

히 라 가 나 카 타 카 나
■ ひらがな、カタカナ 222

하지메

리　스　따-　또

リスタート日本語

RESTART JAPANESE

● ● ●

와 따 시
わたし

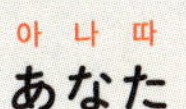

아 나 따
あなた

카 레
かれ

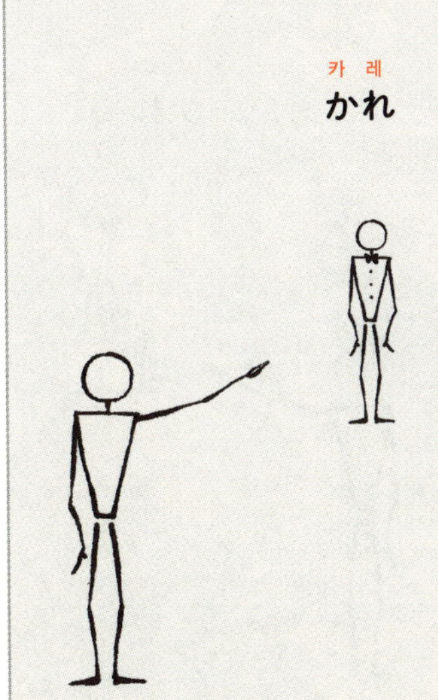

카 노 죠
かのじょ

와 따 시
わたし

와 따 시 따 찌
わたし たち

카 레
かれ

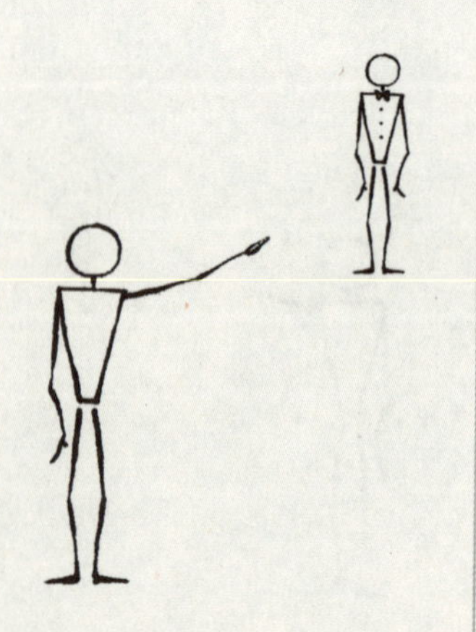

카 레 라
かれ ら

아 나 따
あなた

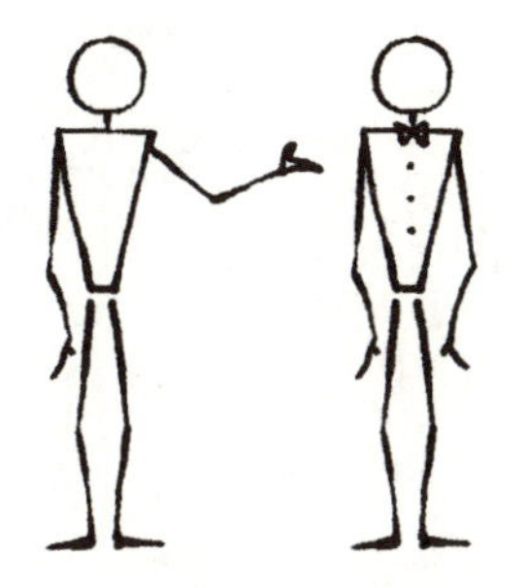

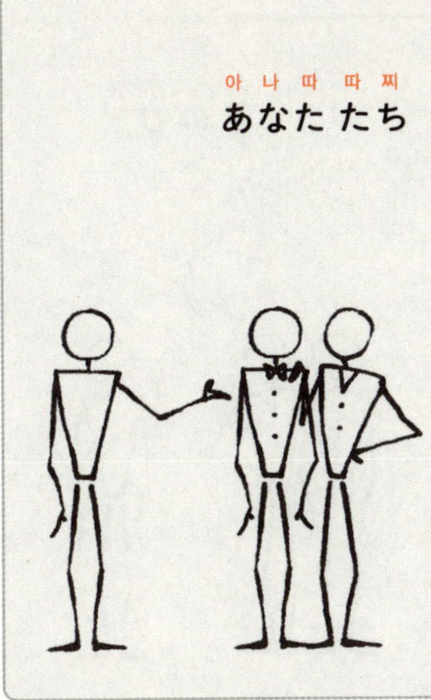
아 나 따 따 찌
あなた たち

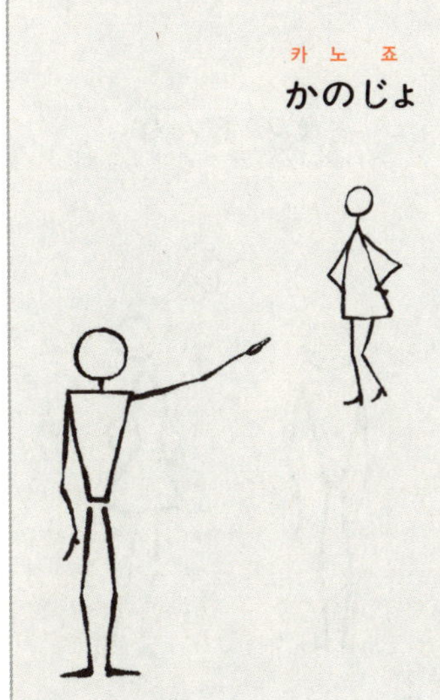
카 노 죠
かのじょ

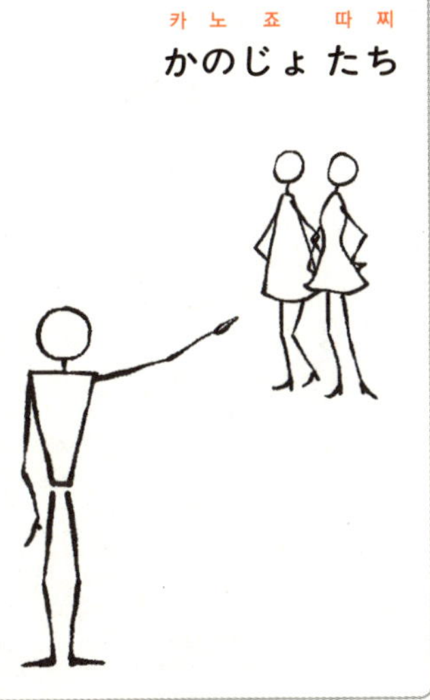
카 노 죠 따 찌
かのじょ たち

코노 히또
このひと

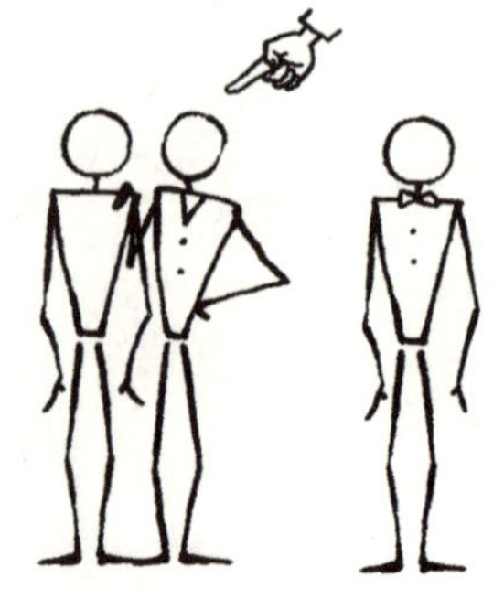

소노 히또
そのひと

코노 오또꼬
この おとこ

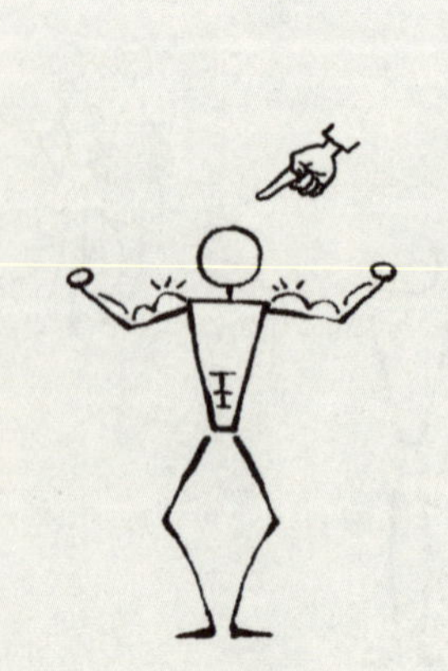

소노 온나
その おんな

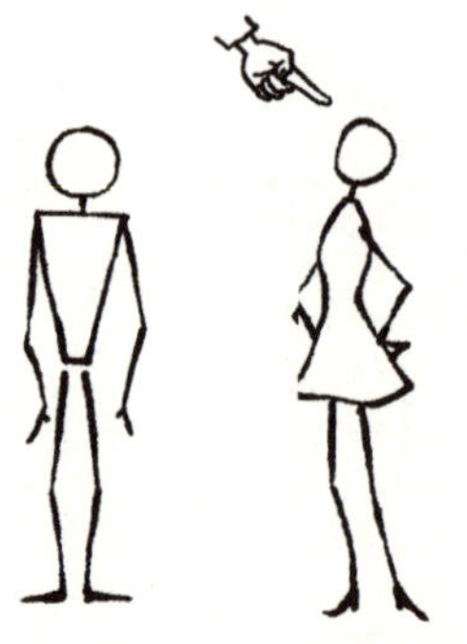

아 노 히 또
あの ひと

도 노 히 또
どの ひと
? ? ?

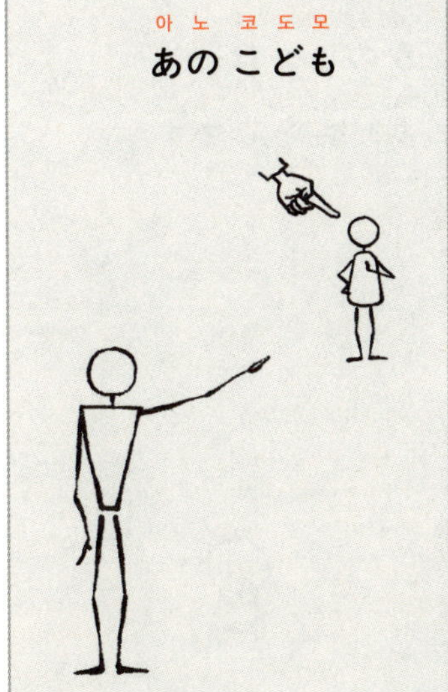
아 노 코 도 모
あの こども

도 노 카 따
どの かた
? ?

와 따 시 와 오 또 꼬 데 스
わたし は おとこ です。

아 나 따 와 온 나 데 스
あなた は おんな です。

카 레 와 코 도 모 데 스
かれ は こども です。

카 노 죠 와
かのじょ は
아 까 짠 데 스
あかちゃん です。

와 따 시 와
わたし は
쇼 - 넨 데 스
しょうねん です。

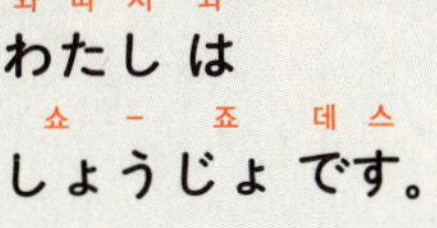
와 따 시 와
わたし は
쇼 - 죠 데 스
しょうじょ です。

카 레 와 토 시 요 리 데 스
かれ は としより です。

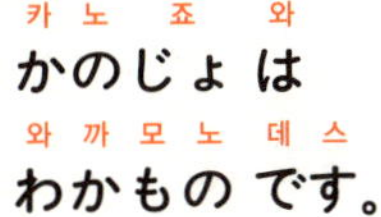
카 노 죠 와
かのじょ は
와 까 모 노 데 스
わかもの です。

혼
ほん
펜
ペン
사 루
さる
쿠 모
くも

이 스
いす

네 꼬
ねこ

키 린
きりん

라 이 온
ライオン

키
き
하 나
はな
호 시
ほし
야 마
やま

쿠 루 마

くるま

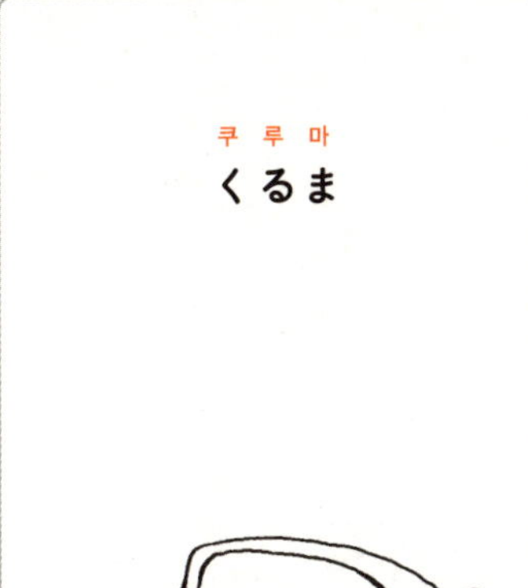

후 네

ふね

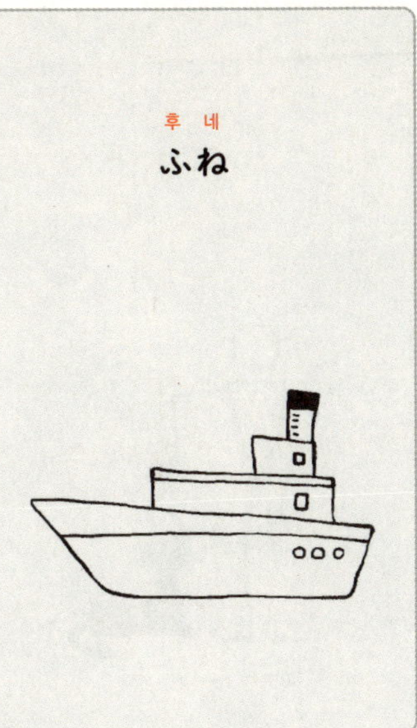

파 소 꼰

パソコン

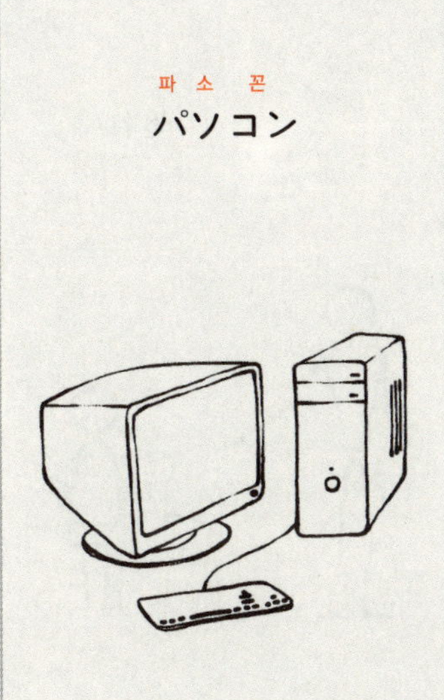

케 - 따 이

けいたい

코 레
これ

소 레
それ
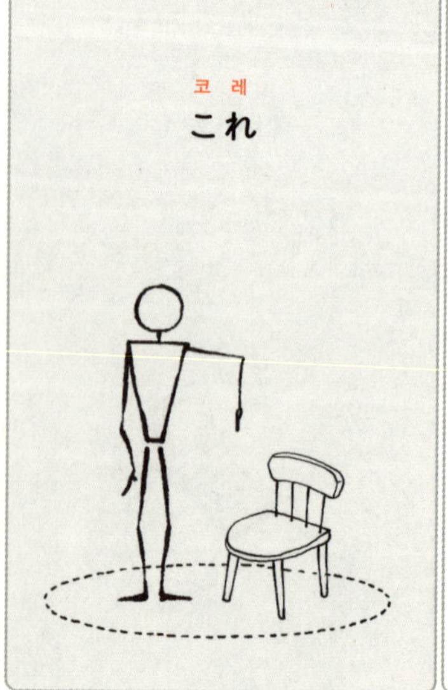
코 레
これ
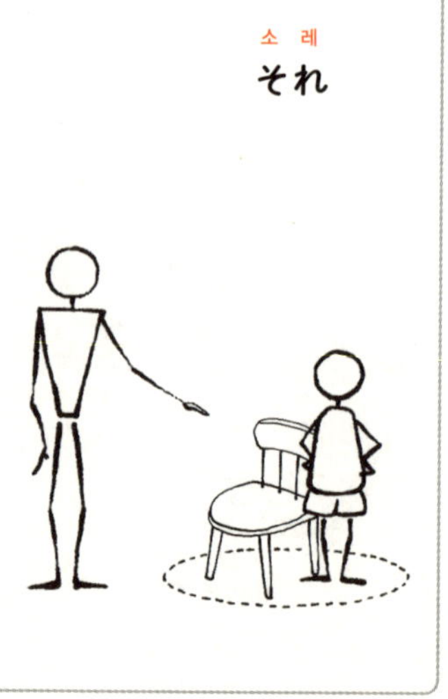
소 레
それ

아 레
あれ

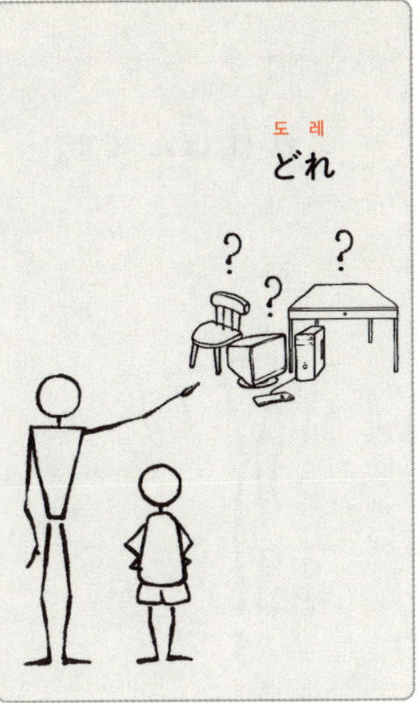
도 레
どれ

아 레
あれ
BUS

BUS
도 레
どれ

코 레 와 혼 데 스
これ は ほん です。

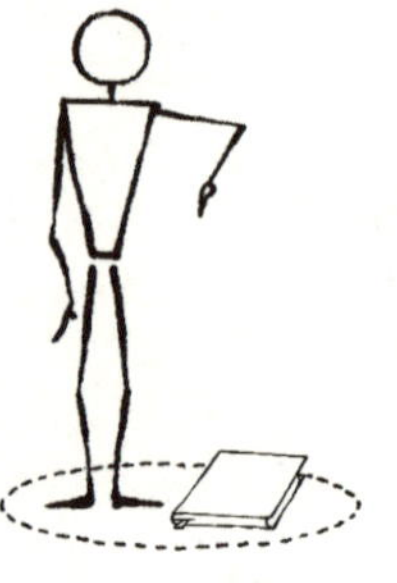

코 레 와 펜 데 스
これ は ペン です。

아 레 와 사 루 데 스
あれ は さる です。

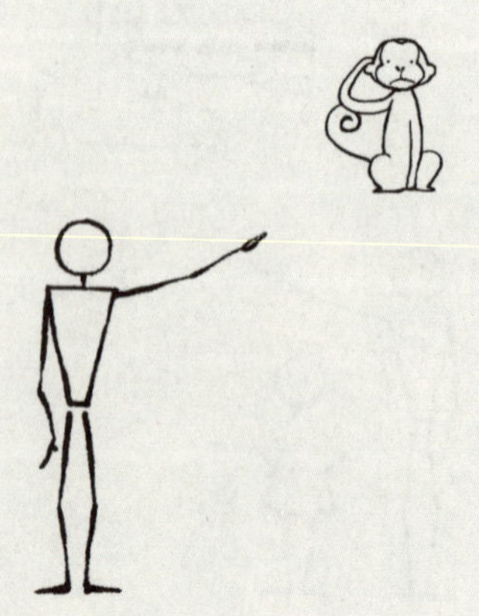

아 레 와 쿠 모 데 스
あれ は くも です。

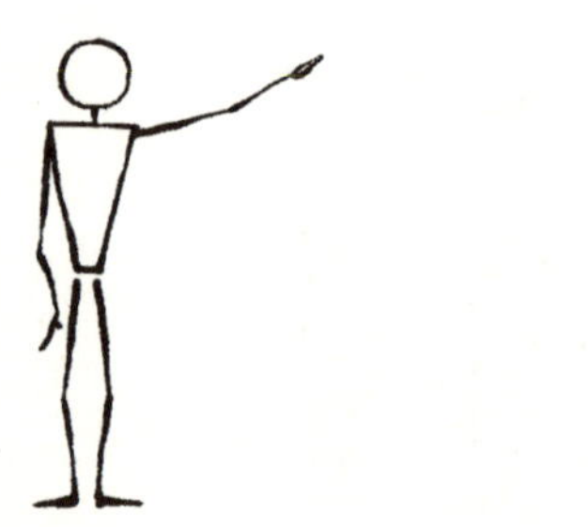

소 레 와 라 지 오 데 스
それ は ラジオ です。

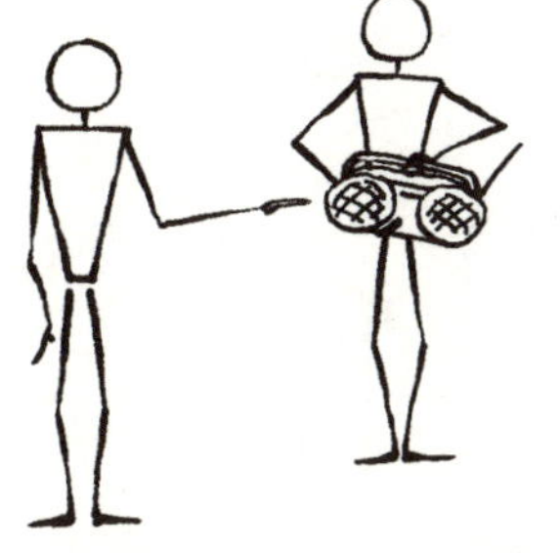

소 레 와 네 꼬 데 스
それ は ねこ です。

네 꼬 와 도 찌 라 데 스 까
ねこ は どちら です か？

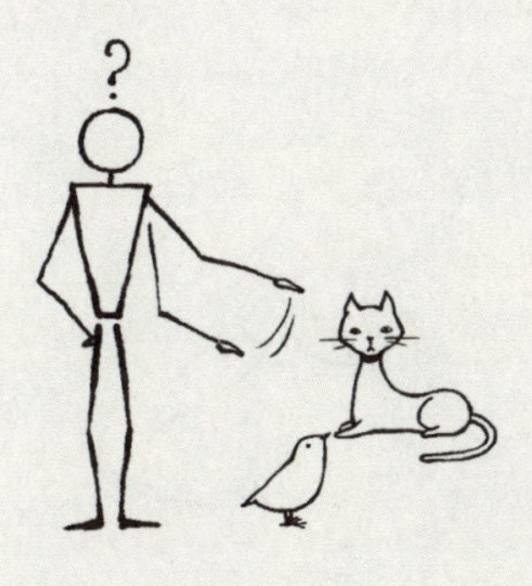

라 이 옹 와
ライオン は
도 레 데 스 까
どれ です か？

아나따 와
あなた は
오또꼬 데스 까
おとこ です か？

하이
はい。

카레 와 코도모 데스 까
かれ は こども です か？

이－에
いいえ。

코레 와 이스 데스 까
これ は いす です か？

하이
はい。

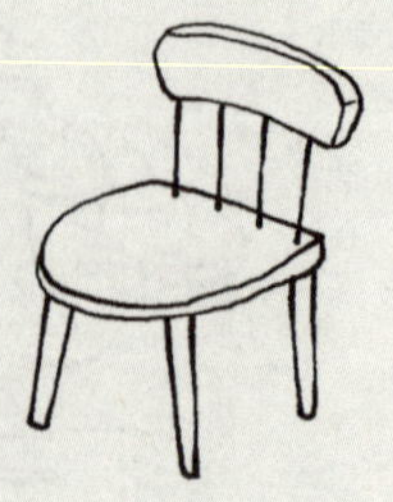

소레 와 네꼬 데스 까
それ は ねこ です か？

이－에
いいえ。

아 나 따 와
あなた は
온 나 데 스 까
おんな です か？

하 이
はい。

카 노 죠 와
かのじょ は
토 시 요 리 데 스 까
としより です か？

이 – 에
いいえ。

아 레 와
あれ は
라 이 온 데 스 까
ライオン です か？

와 까 리 마 셍
わかりません。

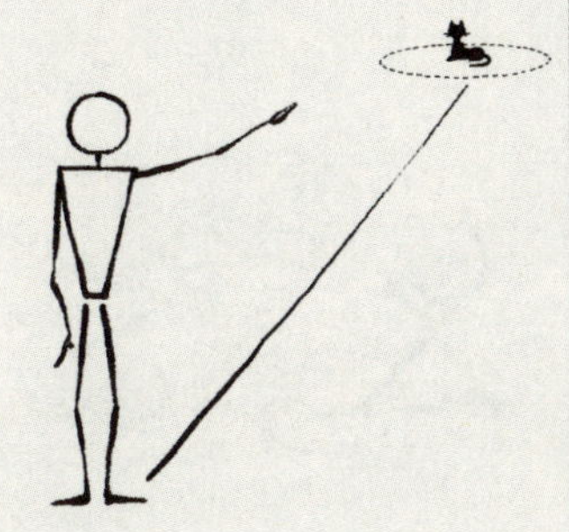

코 레 와 난 데 스 까
これ は なん です か？

코 레 와 하 브 라 시 데 스
これ は はブラシ です。

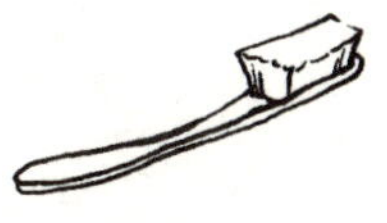

와 따 시 와 오 또 꼬 데 와
わたし は おとこ では
아 리 마 셍
ありません。

와 따 시 와 온 나 데 스
わたし は おんな です。

아 나 따 와 온 나 데 와
あなた は おんな では
아 리 마 셍
ありません。

아 나 따 와 오 또 꼬 데 스
あなた は おとこ です。

코 레 와 테 - 브 루 데 와
これ は テーブル では
아 리 마 셍
ありません。

코 레 와 이 스 데 스
これ は いす です。

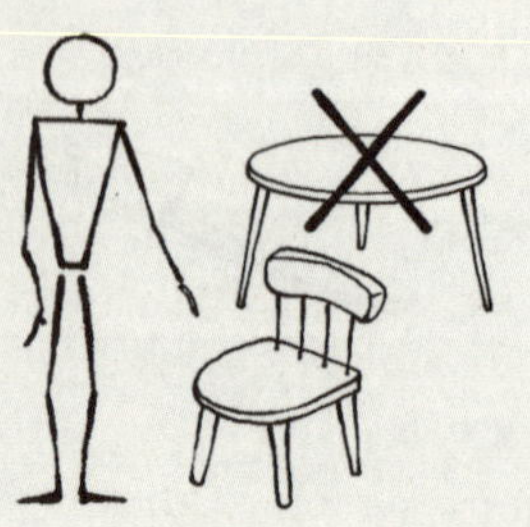

소 레 와 네 꼬 데 와
それ は ねこ では
아 리 마 셍
ありません。

소 레 와 이 누 데 스
それ は いぬ です。

카레 와 토시요리 데와
かれ は としより では
아리마 셍
ありません。

카레 와 와까모노 데스
かれ は わかもの です。

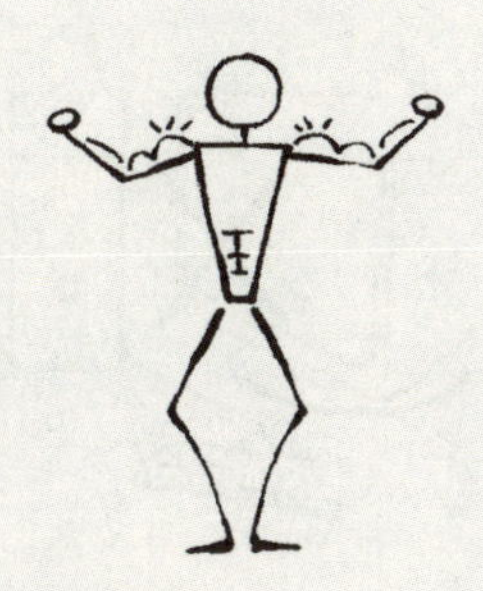

카노죠 와
かのじょ は
토시요리 데와
としより では
아리마 셍
ありません。

카노죠 와
かのじょ は
아까 짱 데스
あかちゃん です。

아 레 와 파 소 꼰 데 와
あれ は パソコン では
아 리 마 셍
ありません。

아 레 와 케 - 따 이 데 스
あれ は けいたい です。

아 레 와 키 린
あれ は きりん
데 와 아 리 마 셍
では ありません。

아 레 와 라 이 온 데 스
あれ は ライオン です。

코 레 와 네 꼬 데 스 까,
これ は ねこ です か、
라 이 온 데 스 까
ライオン です か?

코 레 와 네 꼬 데 모
これは ねこでも
라 이 온 데 모 아 리 마 셍
ライオンでも ありません。

코 레 와 사 루 데 스
これ は さる です。

코 레 와 사 루 데 스 까,
これ は さる です か、
네 꼬 데 스 까
ねこ です か?

코 레 와 사 루 데 모
これ は さる でも
네 꼬 데 모 아 리 마 셍
ねこでも ありません。

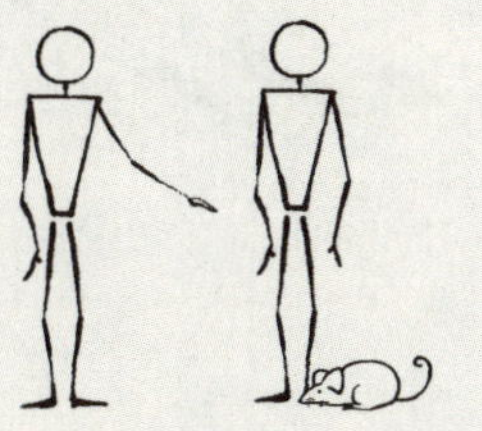

코 레 와 네 즈 미 데 스
これ は ねずみ です。

코 레 와 펜 데 스
これ は ペン です。

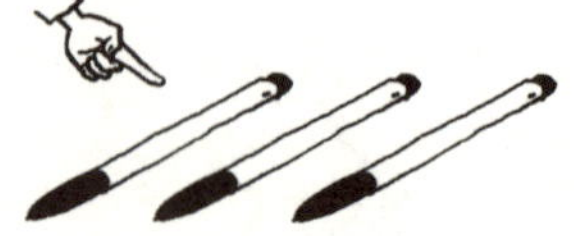

코 레 모 펜 데 스
これ も ペン です。

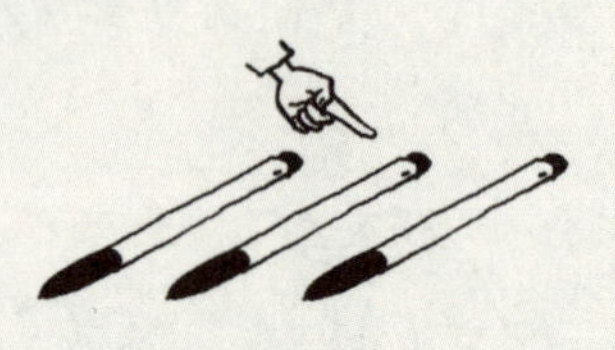

코 레 모 펜 데 스
これ も ペン です。

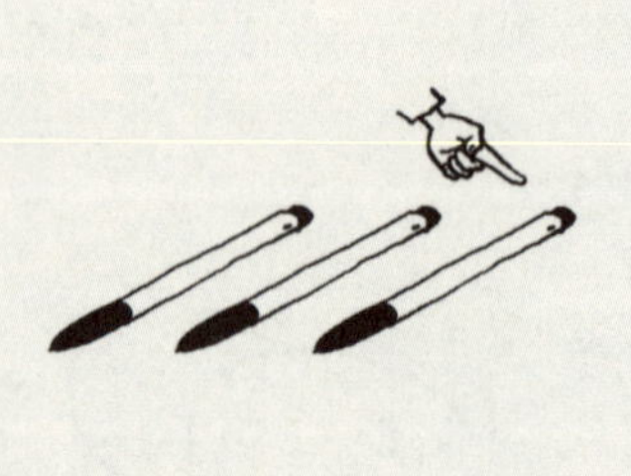

코 레 따 찌 와 민 나
これ たち は みんな
펜 데 스
ペン です。

와 따 시 와 오 또 꼬 데 스
わたし は おとこ です。

아 나 따 모 오 또 꼬 데 스
あなた も おとこ です。

아 나 따 모 오 또 꼬 데 스
あなた も おとこ です。

와 따 시 따 찌 와
わたし たち は
민 나 오 또 꼬 데 스
みんな おとこ です。

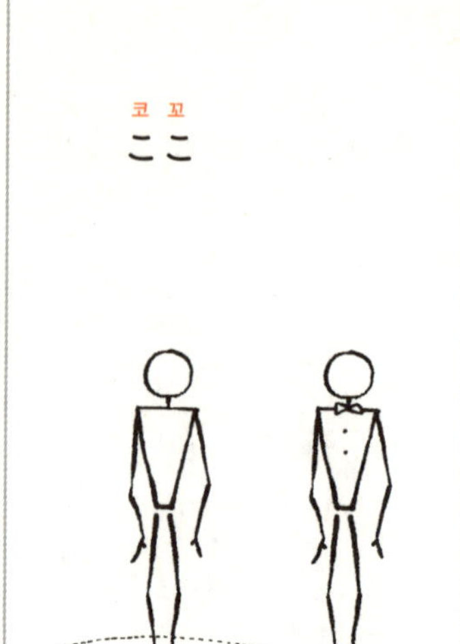

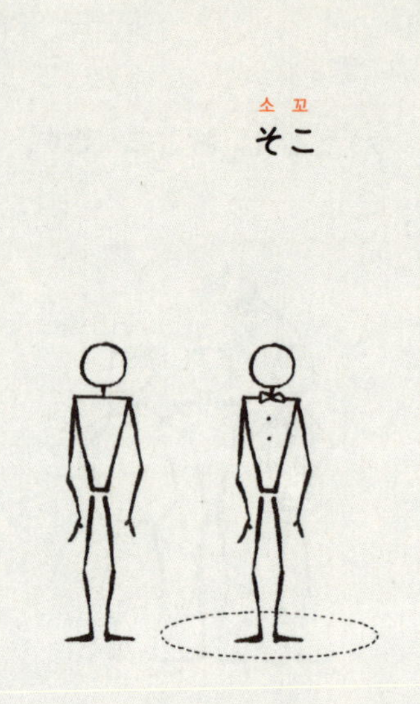

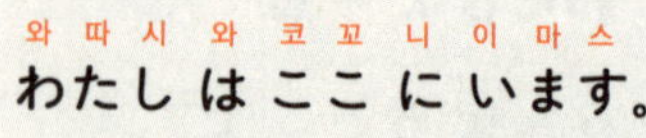

와 따 시 와 코 꼬 니 이 마 스
わたし は ここ に います。

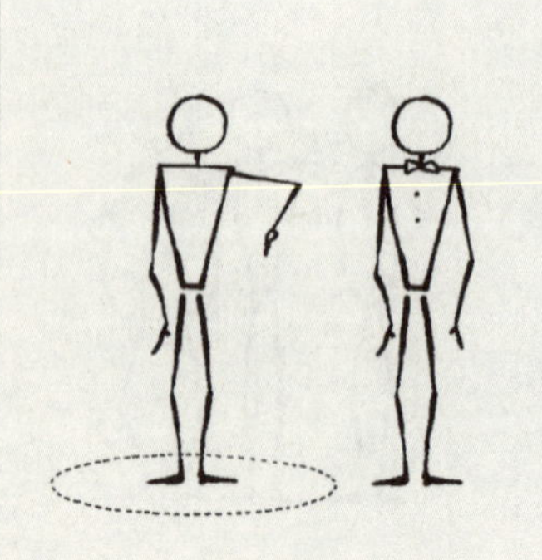

아 나 따 와 소 꼬 니 이 마 스
あなた は そこ に います。

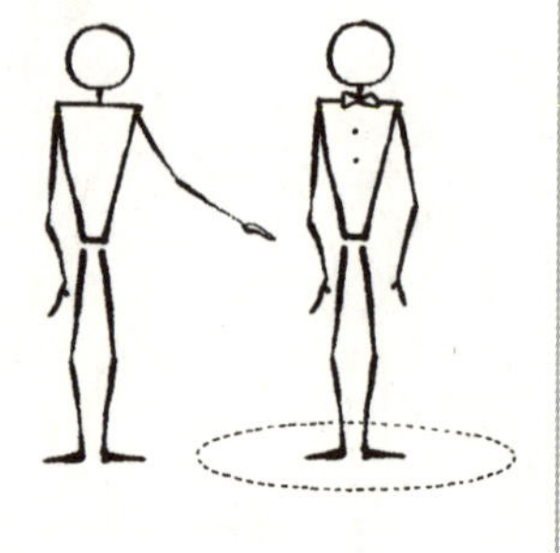

아 소 꼬
あそこ

도 꼬
どこ

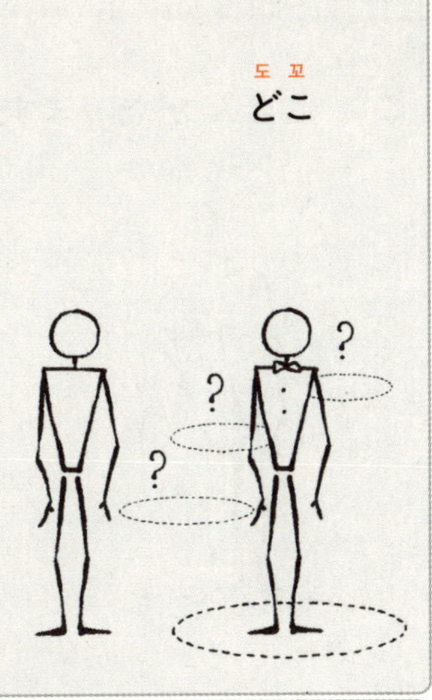

카 레 와 아 소 꼬 니 이 마 스
かれ は あそこ に います。

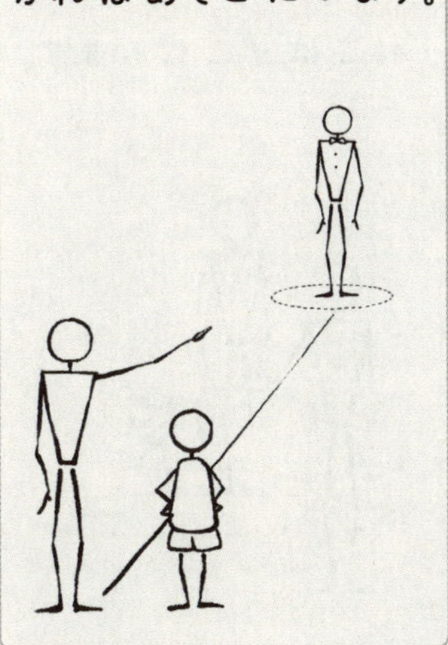

카 노 죠 와 도 꼬 니
かのじょ は どこ に
이 마 스 까
います か？

코꼬 니 홍 가 아리마스
ここ に ほん が あります。

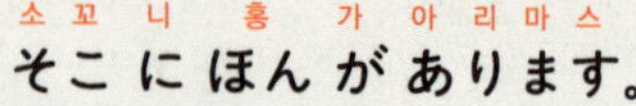
소꼬 니 홍 가 아리마스
そこ に ほん が あります。

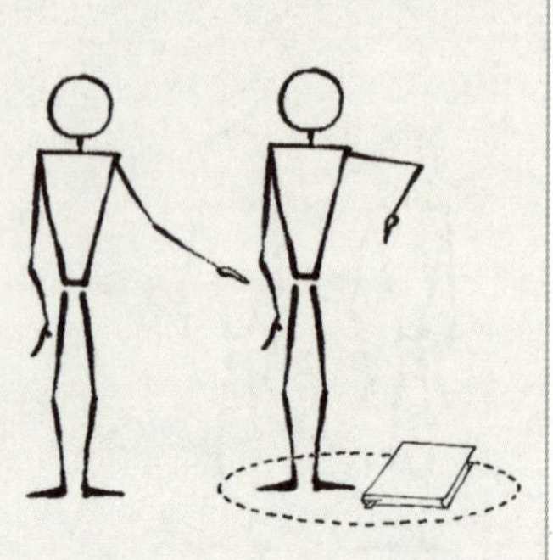

코꼬 니 네꼬 가 이마스
ここ に ねこ が います。

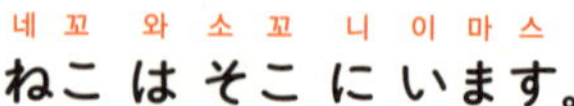
네꼬 와 소꼬 니 이마스
ねこ は そこ に います。

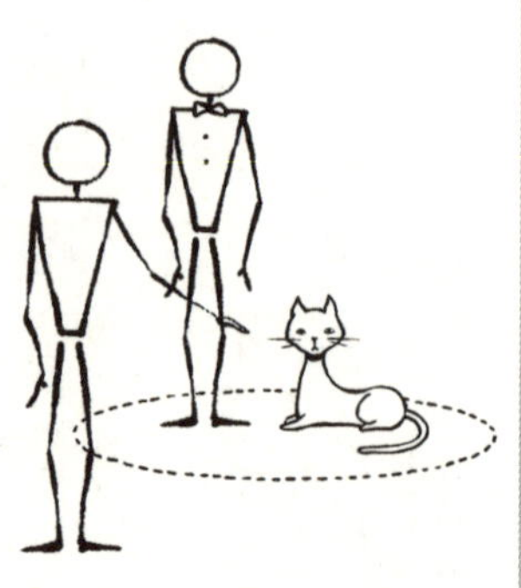

홍 와
ほんは
도 꼬 니 아 리 마 스 까
どこにありますか？

홍 와아소꼬 니 아 리 마 스
ほん は あそこ に あります。

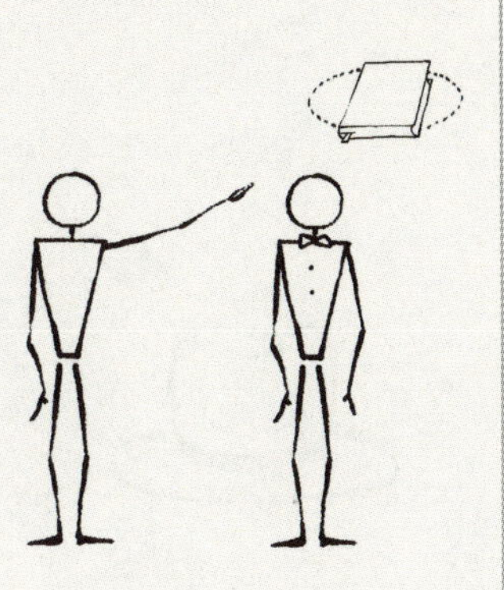

네 꼬 와
ねこ は
도 꼬 니 이 마 스 까
どこ に いますか？

네 꼬 와아소꼬 니 이 마 스
ねこ は あそこ に いま

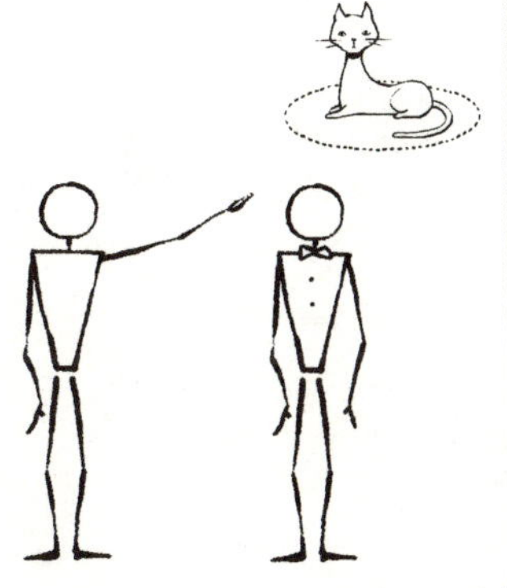

코 레 와 보 ー 시 데 스
これ は ぼうし です。

보 ー 시 와
ぼうし は
코 꼬 니 아 리 마 스
ここ に あります。

보 ー 시 와 소 꼬 니
ぼうし は そこ に
아 리 마 셍
ありません。

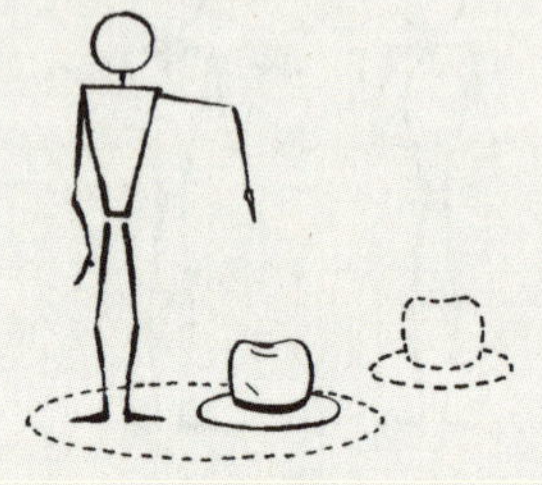

코 레 와 네 꼬 데 스
これ は ねこ です。

네 꼬 와 코 꼬 니 이 마 스
ねこ は ここ に います。
네 꼬 와 소 꼬 니 이 마 셍
ねこ は そこ に いません。

아레와 혼 데스
あれ は ほん です。

홍 와
ほん は
코꼬 니 아리마 셍
ここ に ありません。

홍 와
ほん は
아소꼬 니 아리마스
あそこ に あります。

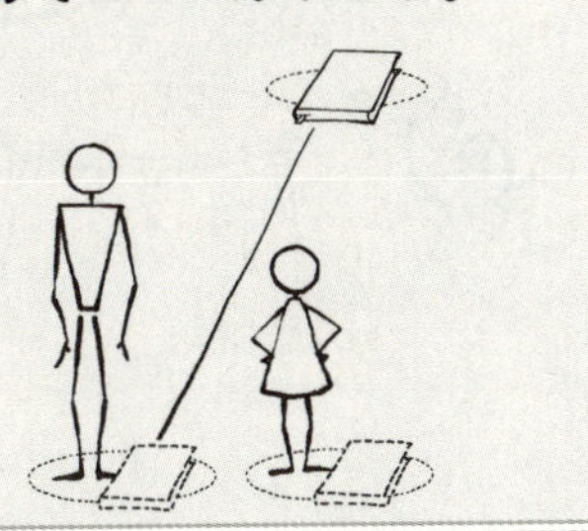

아레와 토리 데스
あれ は とり です。

토리 와 코꼬 니모
とり は ここ にも
소꼬 니모 이마 셍
そこ にも いません。

토리 와 아소꼬 니
とり は あそこ に
이마스
います。

혼, 보 - 시, 키 나 도 가 아 리 마 스
ほん、ぼうし、き など が あります。

히 또, 사 루, 이 누 나 도 가 이 마 스
ひと、さる、いぬ など が います。

무 세 - 부 쯔
<むせいぶつ>

테 - 브 루 가 아 리 마 스
テーブル が あります。

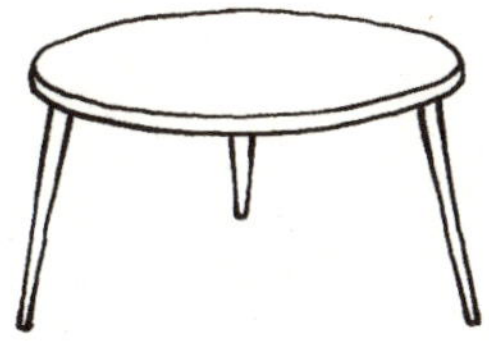

도 - 부 쯔
<どうぶつ>

라 이 옹 가 이 마 스
ライオン が います。

쇼 꾸 부 쯔
<しょくぶつ>

링 고 가 아 리 마 스
りんご が あります。

히 또
<ひと>

히 또 가 이 마 스
ひと が います。

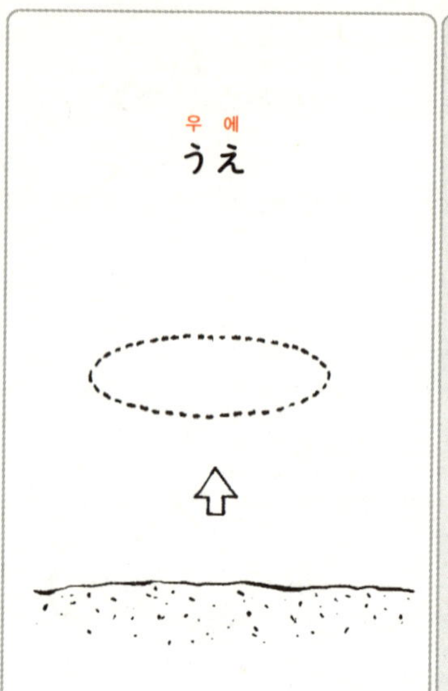

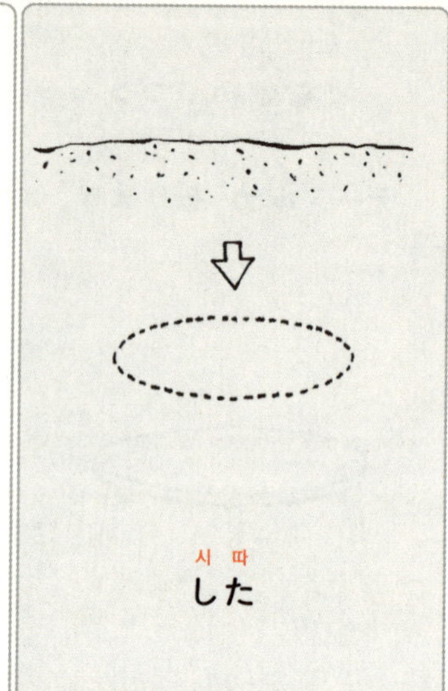

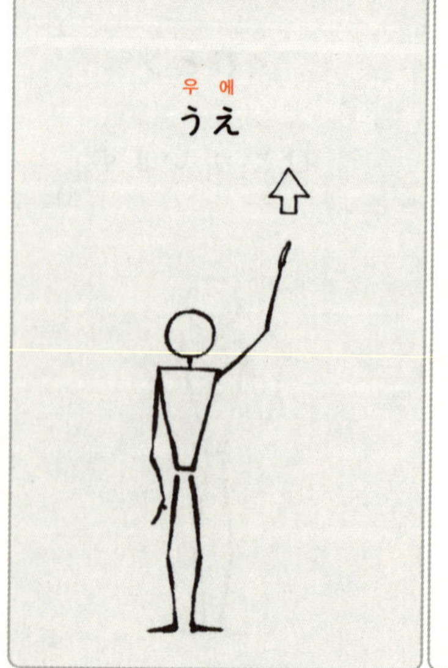

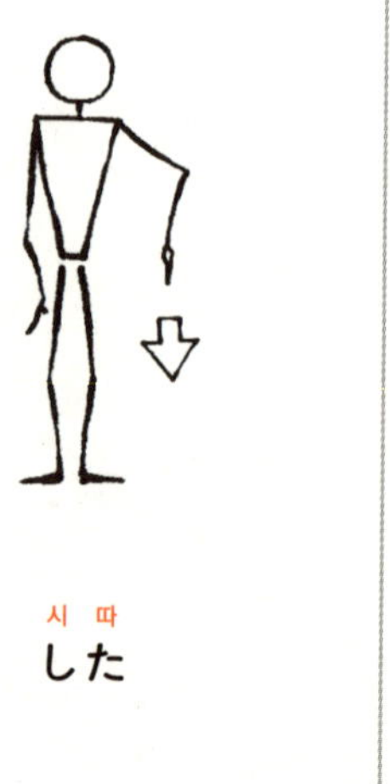

시 따
した

마 에
まえ

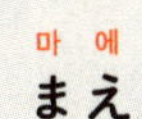

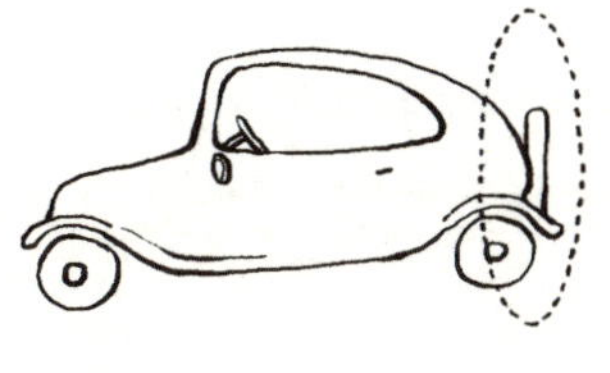

코코 니 테-브루 가
ここ に テーブル が
아리마스
あります。

테-브루 노 우에 니
テーブル の うえ に
네꼬 가 이마스
ねこ が います。

네꼬 노 아따마 노 우에 니
ねこ の あたま の うえ に
토리 가 이마스
とり が います。

냐-오-
ニャーオー

소 라 니 타 이 요 - 가
そら に たいよう が
아 리 마 스
あります。

타 이 요 - 노 시 따 니
たいよう の したに
쿠 모 가 아 리 마 스
くも が あります。

쿠 모 노 시 따 니
くものしたに
히 또 가 이 마 스
ひと が います。

스 즈 시 -
すずしい

코 꼬 니 바 스 가 아 리 마 스
ここ に バス が あります。

바 스 와 와 따 시 노
バス は わたし の
마 에 니 아 리 마 스
まえ に あります。

붕 -
ブーンー

바 스 와 아 리 마 셍
バス は ありません。

코 꼬 니 오 또 꼬 가 이 마 스
ここ に おとこ が います。

라 이 옹 와 오 또 꼬 노
ライオン は おとこ の
우 시 로 니 이 마 스
うしろ に います。

냥 –
ニャーン

오 또 꼬 와 이 마 셍
おとこ は いません。

나 까
なか

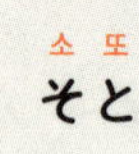

소 또
そと

카 반 노 나 까
かばん の なか

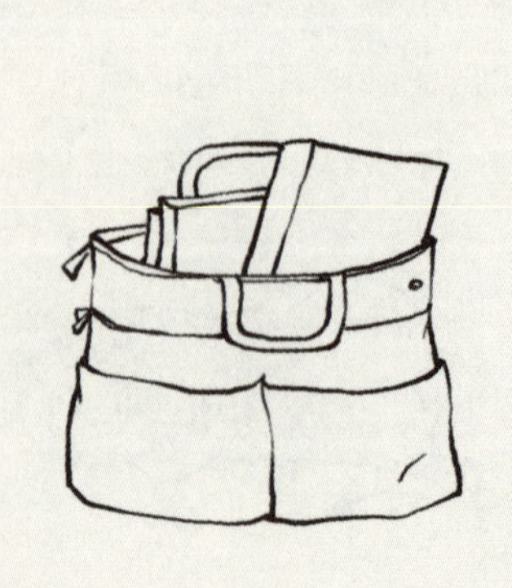

카 반 노 소 또
かばん の そと

나 까
なか

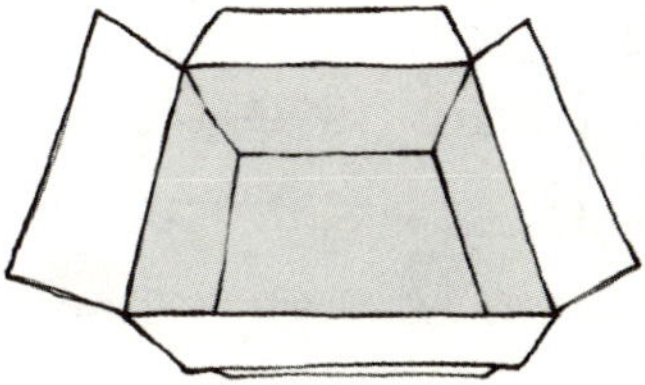

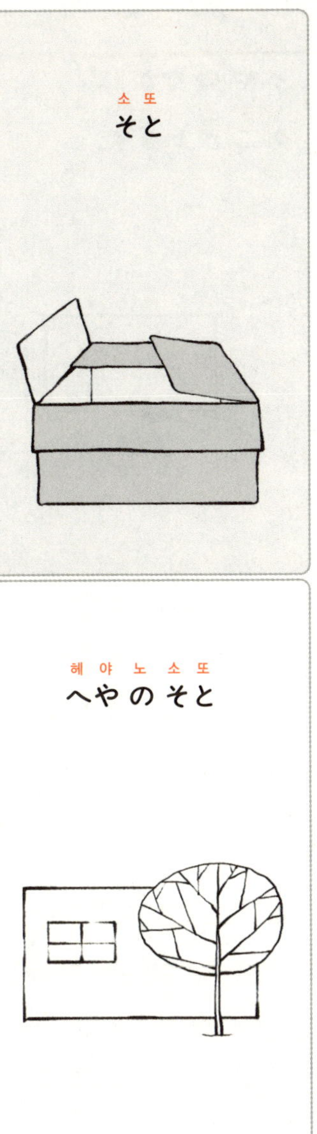

혜 야 노 나 까
へや の なか

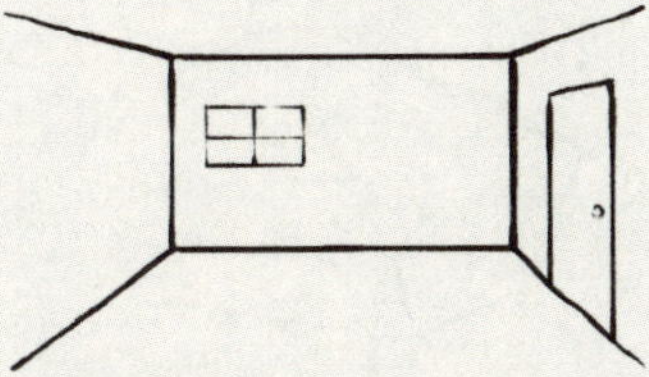

헤 야 노 나 까 니
へや の なか に
네 꼬 가 이 마 스
ねこ が います。

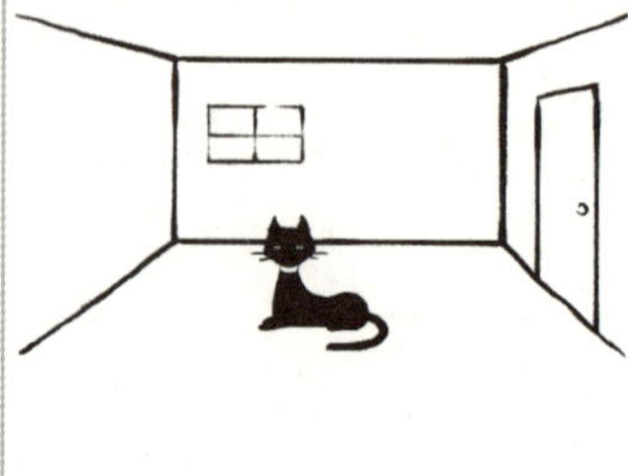

헤 야 노 소 또 니
へや の そと に
쿠 루 마 가 아 리 마 스
くるま が あります。

복 꾸 스 노 나 까 니
ボックス の なか に
토 리 또 네 꼬 가 이 마 스
とり と ねこ が います。

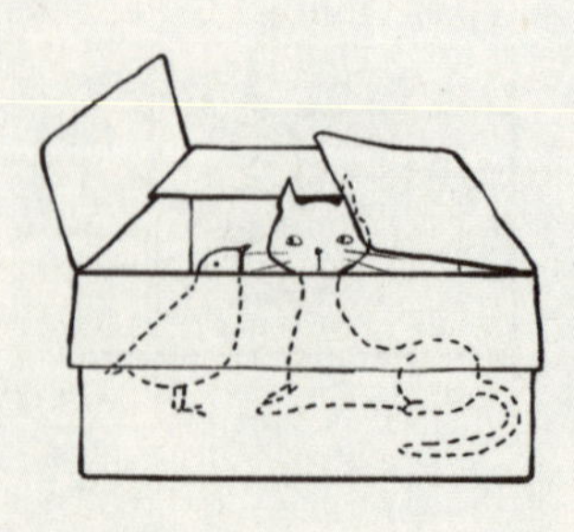

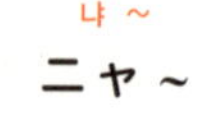

포 켓 또 노 나 까 니
ポケット の なか に
오 까 네 가 아 리 마 스
おかね が あります。

마 도 노 소 또 니
まど の そと に
코 도 모 가 이 마 스
こども が います。

카 레 또 카 노 죠 와
かれ と かのじょ は
소 또 니 이 마 스
そと に います。

사 무 이 ~
さむい～

와 따 시
わたし

토 나 리 노 히 또
となり の ひと

와 따 시 노 이 에
わたし の いえ

토 나 리 노 이 에
となり の いえ

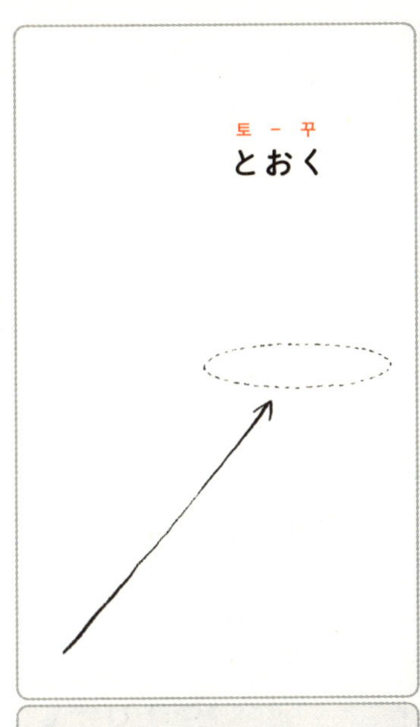

토 - 꾸
とおく

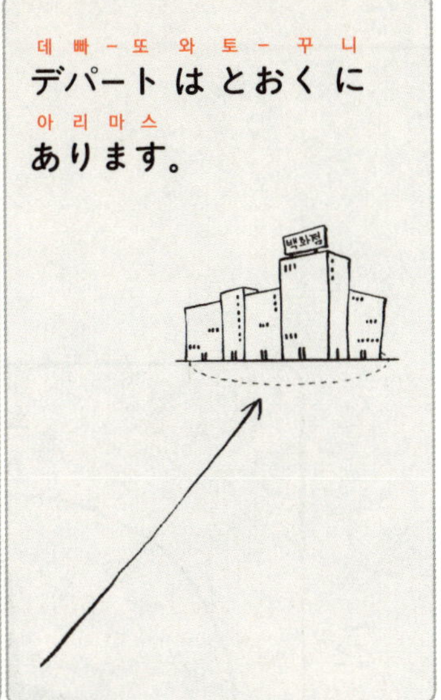

데 빠 - 또 와 토 - 꾸 니
デパート は とおく に
아 리 마 스
あります。

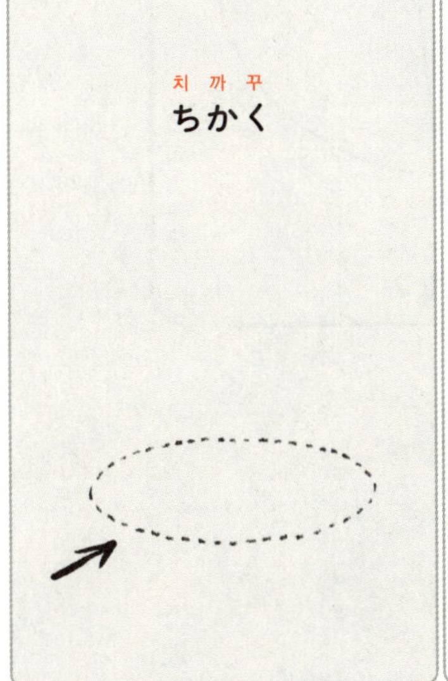

치 까 꾸
ちかく

콤 비 니 와 치 까 꾸 니
コンビニ は ちかく に
아 리 마 스
あります。

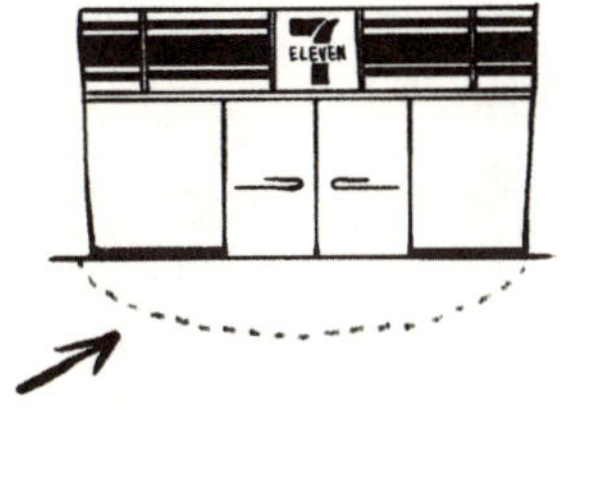

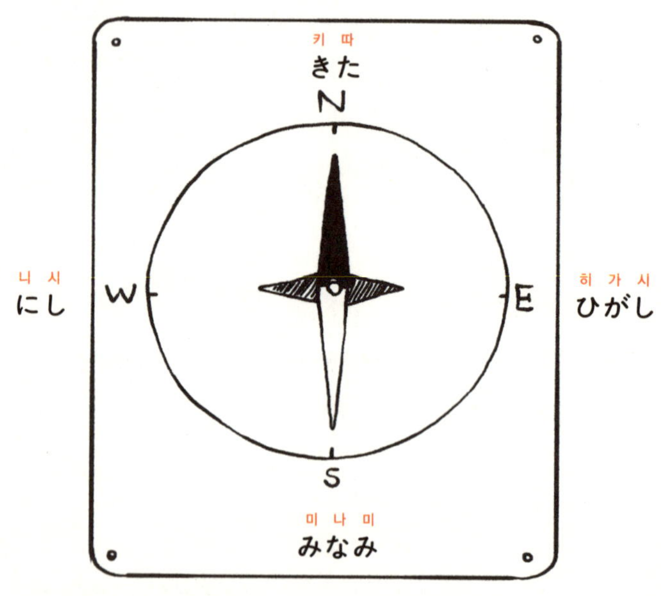
키 따
きた
N
니 시
にし
W
E
히 가 시
ひがし
S
미 나 미
みなみ

히 가 시 또 키 따 노 아 이 다
ひがし と きた の あいだ

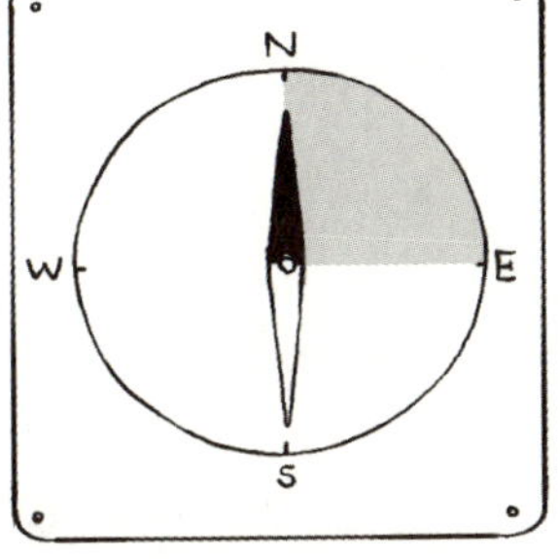

니 시 또 미 나 미 노 아 이 다
にし と みなみ の あいだ

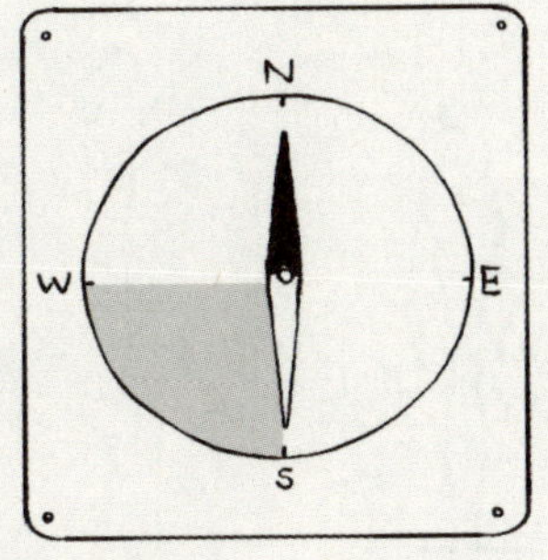

미 나 미 또
みなみ と
히 가 시 노 아 이 다
ひがし の あいだ

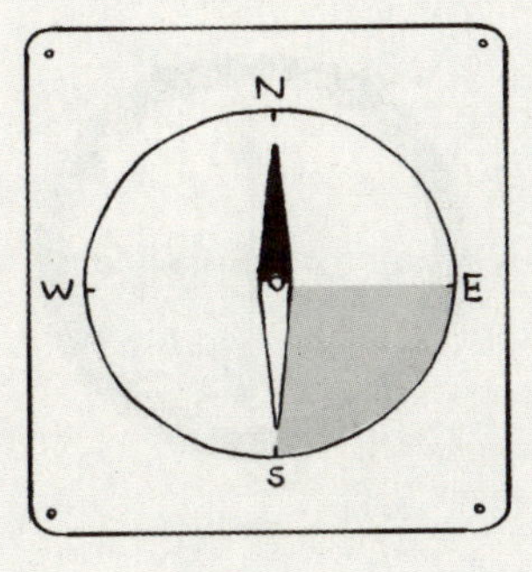

키 따 또 니 시 노 아 이 다
きた と にし の あいだ

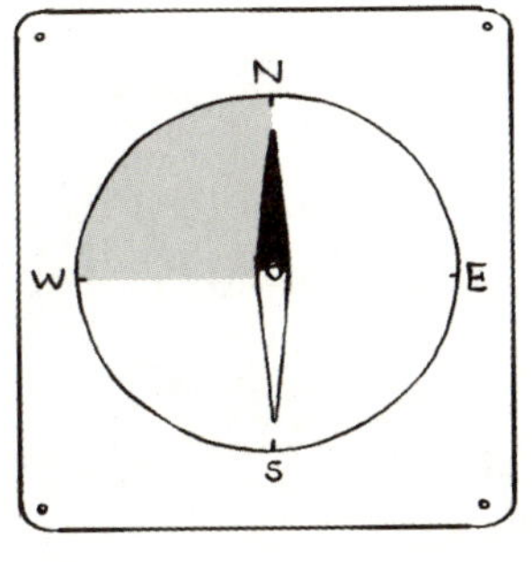

와 따 시 또 카 노 죠 노
わたし と かのじょ の
아 이 다
あいだ

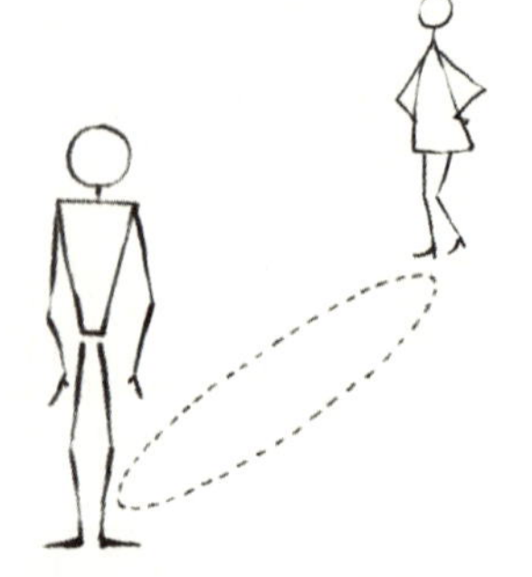

쿠 루 마 또 쿠 루 마 노
くるま と くるま の
아 이 다
あいだ

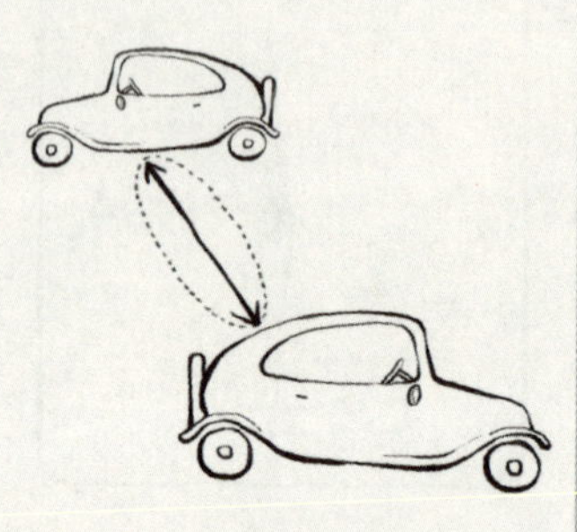

토- 꾜- 또
とうきょう と
오 - 사 까 노 아 이 다
おおさか の あいだ

산 지 또 로 꾸 지 노
さんじ と ろくじ の
아 이 다
あいだ

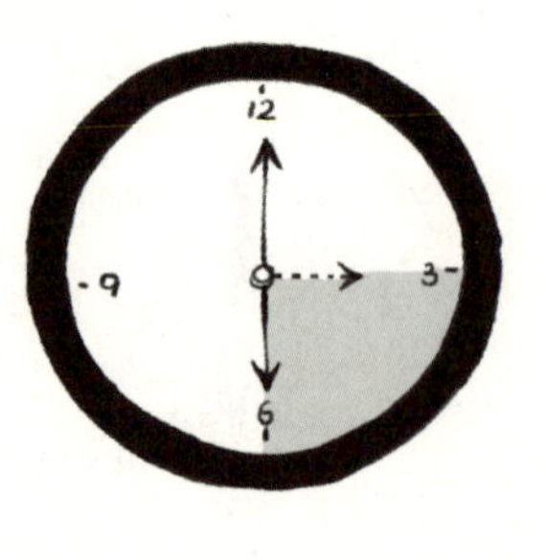

코레 와 네꼬 데스
これは ねこ です。

코레 와 와따시 노
これは わたしの
네꼬 데스
ねこ です。

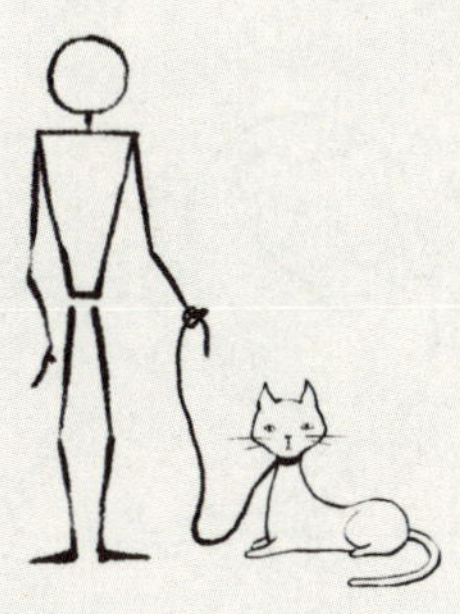

소레 와 사루 데스
それは さる です。

소레 와
それは
아나따 노 사루 데스
あなた の さる です。

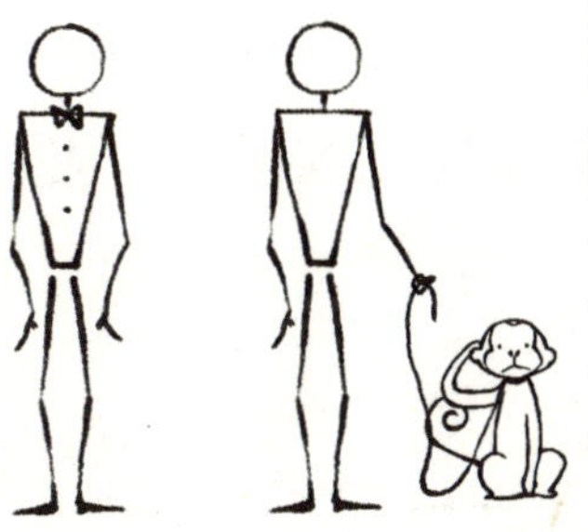

아 레 와 라 이 온 데 스
あれ は ライオン です。

아 레 와 카 레 노
あれ は かれ の
라 이 온 데 스
ライオン です。

코 레 와 다 레 노
これ は だれ の
토 리 데 스 까
とり です か？

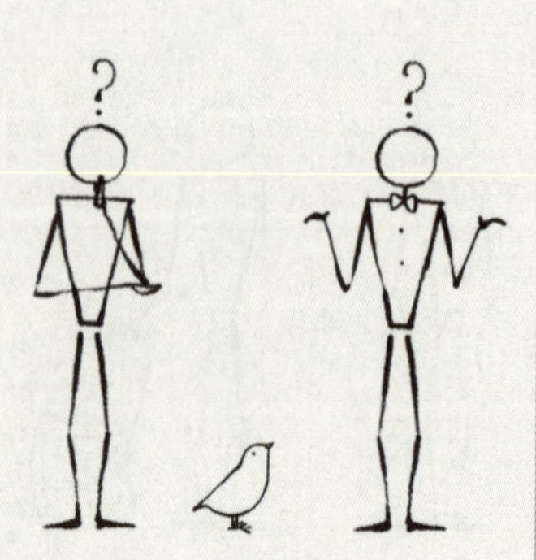

코 레 와 카 노 죠 노
これ は かのじょ の
토 리 데 스
とり です。

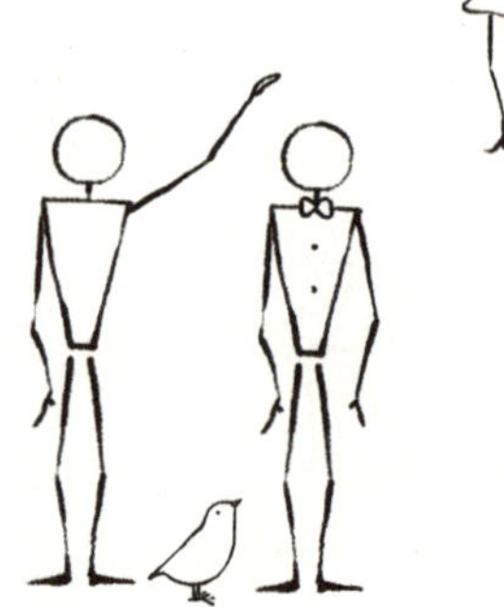

코레 와 와따시 노
これは わたし の
혼 데스
ほん です。

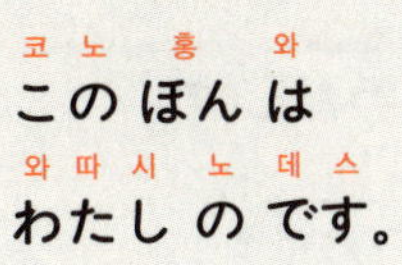

코노 홍 와
この ほん は
와따시 노 데스
わたし の です。

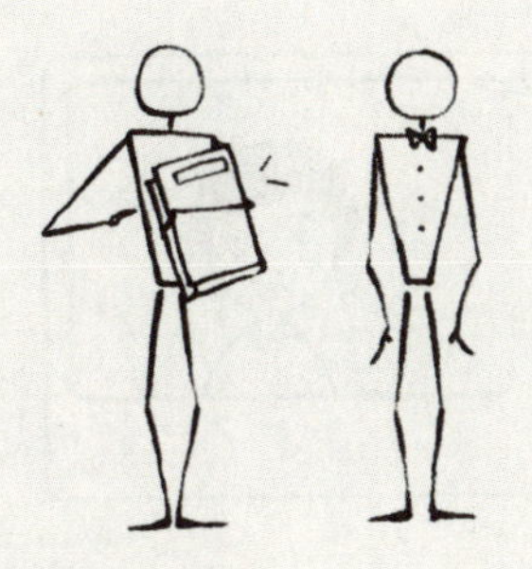

코노 카방 와 와따시 노
この かばん は わたし の
데와 아리마셍
では ありません。

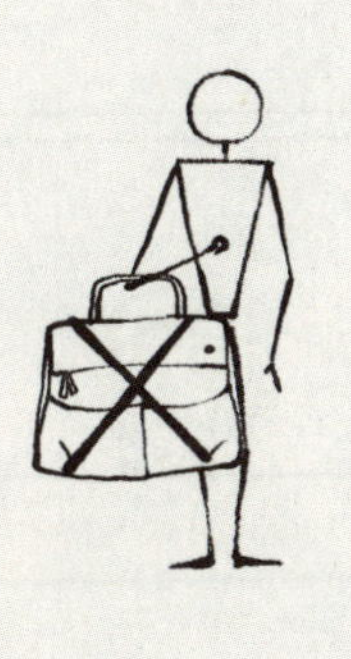

코노 카방 와
この かばん は
카레 노 데스
かれ の です。

코레 와 와따시 노
これ は わたし の
샤신 데스
しゃしん です。

코레 와 카노죠 노
これ は かのじょ の
샤신 데스
しゃしん です。

코레 와 료-신 노
これ は りょうしん の
샤신 데스
しゃしん です。

코레 와 아까짱 노
これ は あかちゃん の
샤신 데스
しゃしん です。

오 - 끼 -
おおきい

大

치 - 사 이
ちいさい

小

쿠 로 이
くろい

시 로 이
しろい

코노 네꼬 와
このねこは
오 - 끼 - 데스
おおきいです。

코노 네꼬 와
このねこは
치 - 사이 데스
ちいさいです。

코노 네꼬 와 쿠로이 데스
このねこはくろいです。

코노 네꼬 와 시로이 데스
このねこはしろいです。

쿠 로 이 　네 꼬 　와 　시 로 이
くろい ねこ は しろい
네 꼬 　요 리 　오 ー 끼 ー 　데 스
ねこ より おおきい です。

미 께 　네 꼬 　와
みけ ねこ は
시 로 이 　네 꼬 　요 리
しろい ねこ より
치 ー 사 이 　데 스
ちいさい です。

이 찌 　방 　오 ー 끼 ー
いちばん おおきい
네 꼬 　와 　도 레 　데 스 　까
ねこ は どれ です か？

미 께 네 꼬 　가 　이 찌 　방
みけねこ が いちばん
오 ー 끼 ー 　데 스
おおきい です。

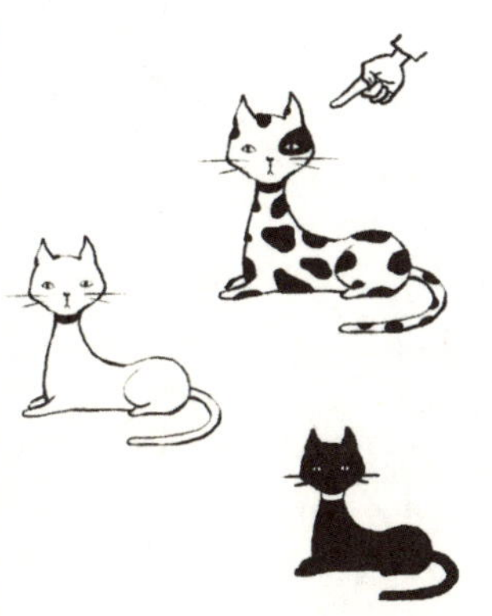

코 노 야 마 와 타 까 이 데 스
このやま は たかい です。

코 노 야 마 와 히 꾸 이 데 스
このやま は ひくい です。

코 노 야 마 와 토 - 꾸 떼
このやま は とおくて
타 까 이 데 스
たかい です。

코 노 야 마 와 치 까 꾸 떼
このやま は ちかくて
히 꾸 이 데 스
ひくい です。

에 베 레 스 또 와 세 까 이 데 이 찌 반 타 까 이 야 마 데 스
エベレスト は せかい で いちばん たかい やま です。

나 쯔 와 아 쯔 이 데 스
なつ は あつい です。

후 유 와 사 무 이 데 스
ふゆ は さむい です。

하 루 와
はる は
아 쯔 꾸 아 리 마 셍
あつく ありません。

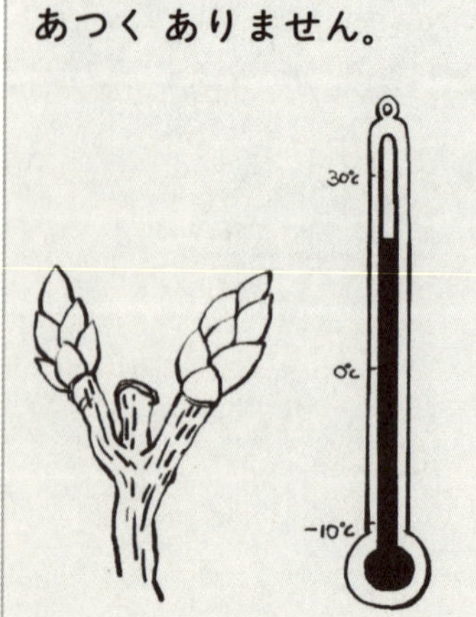

아 끼 와
あき は
사 무 꾸 아 리 마 셍
さむく ありません。

브 란 도 힌
ブランドひん

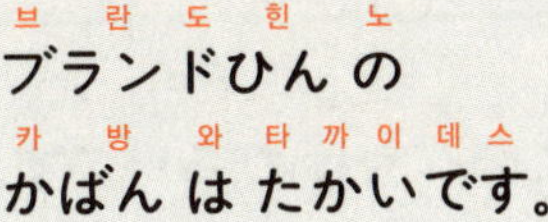

브 란 도 힌 노
ブランドひん の
카 방 와 타 까 이 데 스
かばん は たかいです。

니 세 모 노
にせもの

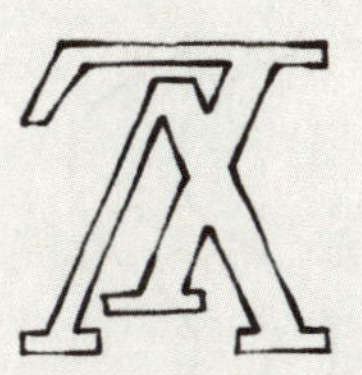

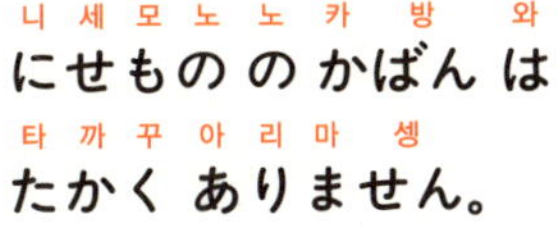

니 세 모 노 노 카 방 와
にせもの の かばん は
타 까 꾸 아 리 마 셍
たかく ありません。

코노헤야와 히로이데스
このへやは ひろいです。

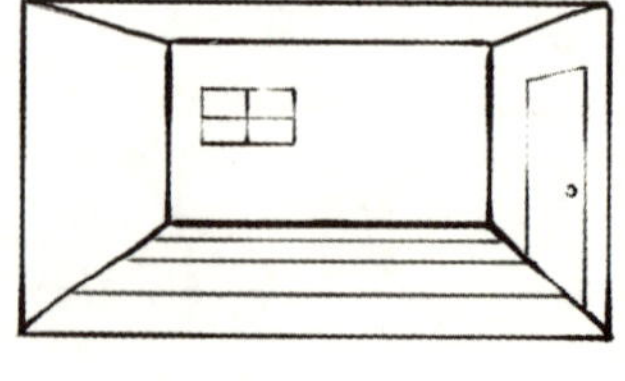

코노 헤야 와 세마이 데스
この へや は せまい です。

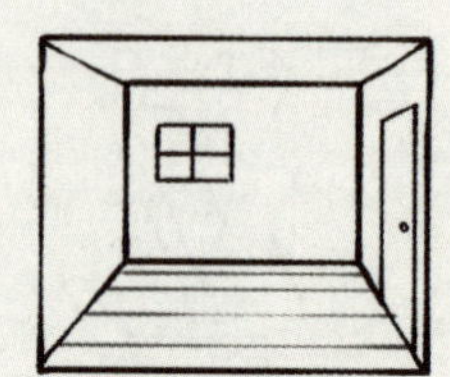

코노 미찌 와 히로이 데스
この みち は ひろい です。

코노 미찌 와 세마이 데스
この みち は せまい です。

코노 몬다이와
このもんだいは
야사시－데스
やさしいです。

$$10+2=?$$

코노 몬다이와
このもんだいは
야사시꾸 아리마셍
やさしくありません。

$$523+788-326=?$$

코노 몬다이와
このもんだいは
무즈까시－데스
むずかしいです。

$$55\div3+2=?$$

코노 몬다이와 토떼모
このもんだいはとても
무즈까시－데스
むずかしいです。

$$\frac{32^2\div(517-321)}{\sqrt{5}}$$

와 따 시 와
わたし は
네 꼬 가 스 끼 데 스
ねこ が すきです。

와 따 시 와 네 즈 미 와
わたし は ねずみ は
스 끼 데 와 아 리 마 셍
すきで は ありません。

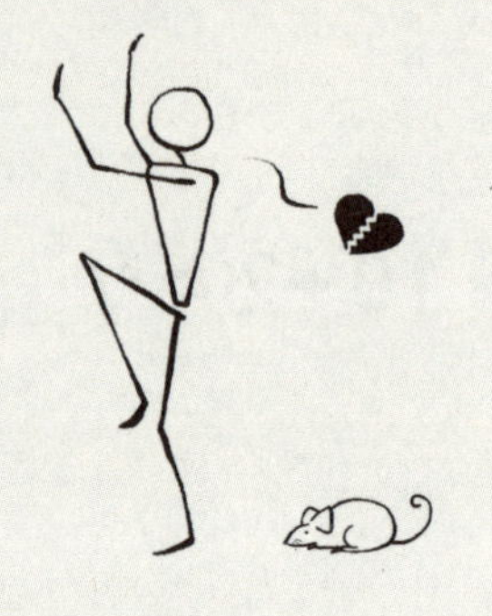

와 따 시 와
わたし は
케 - 끼 가 스 끼 데 스
ケーキ が すきです。

와 따 시 와 닌 징 와
わたし は にんじん は
스 끼 데 와 아 리 마 셍
すきで は ありません。

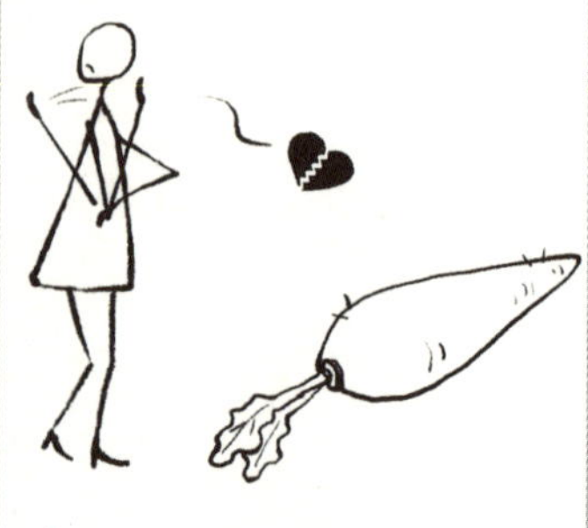

코 노 헤 야 와
このへや は
시 즈 까 데 스
しずか です。

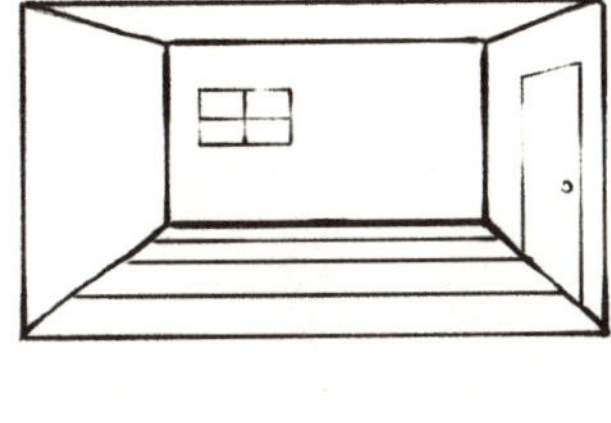

코 노 헤 야 와
このへや は
우 루 사 이 데 스
うるさい です。

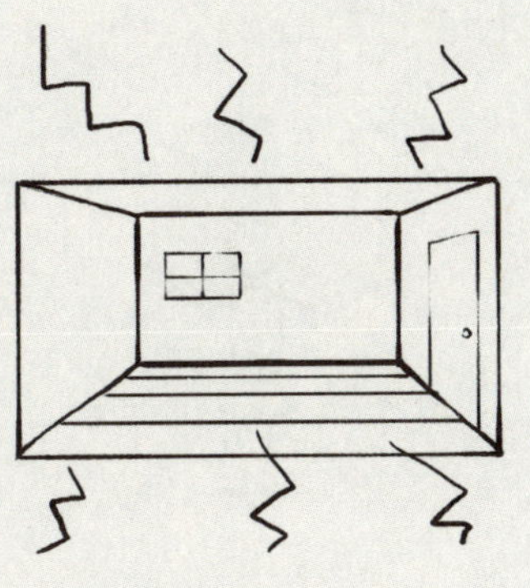

시 즈 까 나 헤 야 와
しずかな へや は
타 까 이 데 스
たかい です。

¥150,000

우 루 사 이 헤 야 와
うるさい へや は
야 스 이 데 스
やすい です。

¥50,000

겡 끼 다
げんきだ。

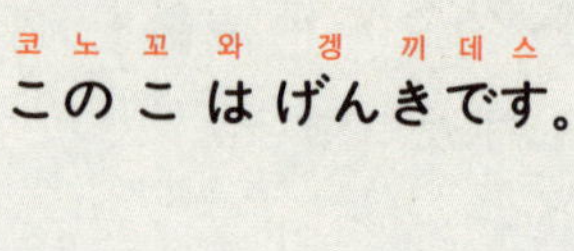

코 노 꼬 와 겡 끼 데 스
このこはげんきです。

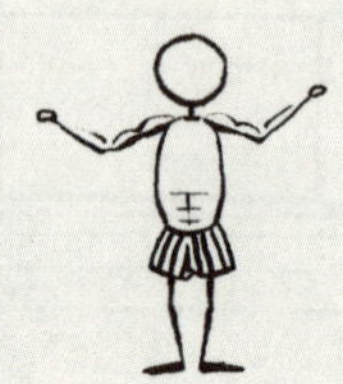

코 노 꼬 와 뵤 – 끼 데 스
このこはびょうきです。

코 노 꼬 와 겡 끼 데 와
このこはげんきでは
아 리 마 셍
ありません。

카 노 죠　또 카 레 와 네 꼬 가 스 끼 데 스
かのじょ と かれ は ねこ が すきです。

카 노 죠 노 네 꼬 와
かのじょ の ねこ は
민 나 오 나 지 데 스
みんな おなじです。

카 레 노 네 꼬 와
かれ の ねこ は
이 로 이 로 데 스
いろいろ です。

코 도 모 따 찌 가
こども たち が
그 라 운 도 데
グラウンド で
야 뀨 - 오 시 마 스
やきゅう を します。

카 노 죠 와 에 - 고 노
かのじょ は えいご の
벵 꾜 - 오 시 마 스
べんきょう を します。

무 즈 까 시 -
むずかしい！

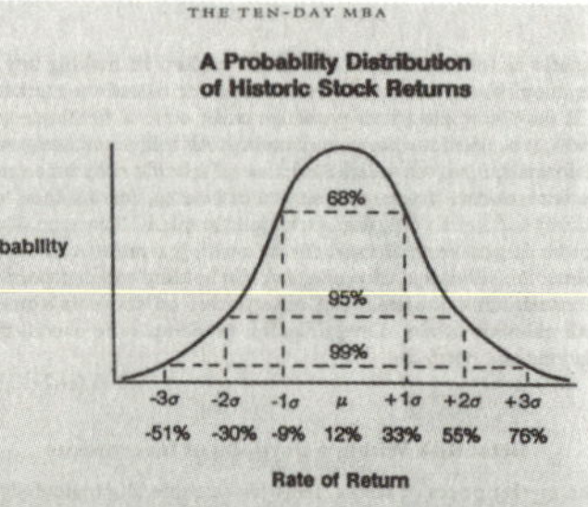
THE TEN-DAY MBA

A Probability Distribution of Historic Stock Returns

not representative of the broader market, even though the press ght have you believe that they are.

If a stock or portfolio moves in tandem with the market, it is d to be perfectly correlated with a beta of 1. Coca-Cola is such table company that it moves with the market with a beta of 1. a stock moves in perfect opposition to the market, it is said to negatively correlated, or to have a beta of −1.

There are no such perfectly negatively correlated stocks, but ere are some stocks with very low betas. Luby's Cafeterias has a

코 도 모 따 찌 와 히 로 이
こども たち は ひろい
그 라 운 도 데
グラウンド で
삭 까 – 오 시 마 스
サッカー を します。

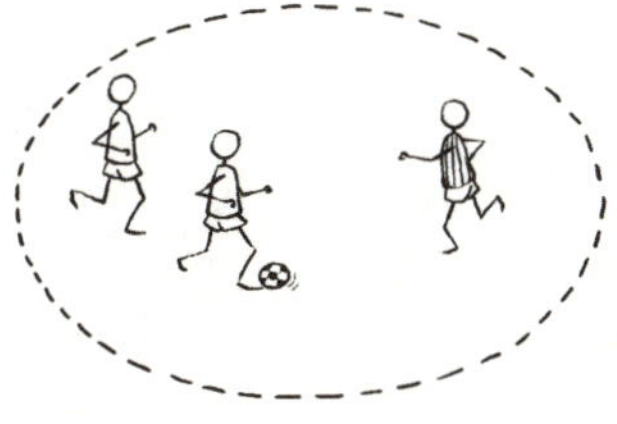

코 도 모 따 찌 와
こども たち は
세 마 이 그 라 운 도 데
せまい グラウンド で
삭 까 – 오 시 마 스
サッカー を します。

카 레 와 타 꾸 시 – 오
かれ は タクシー を
운 뗀 시 마 스
うんてん します。

카 레 와 바 스 오
かれ は バス を
운 뗀 시 마 스
うんてん します。

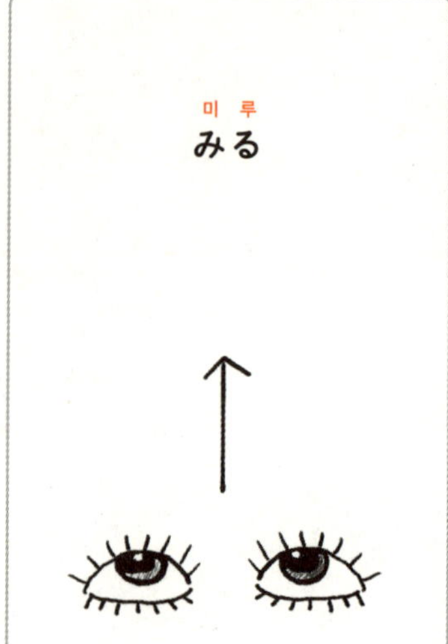
미 루
みる

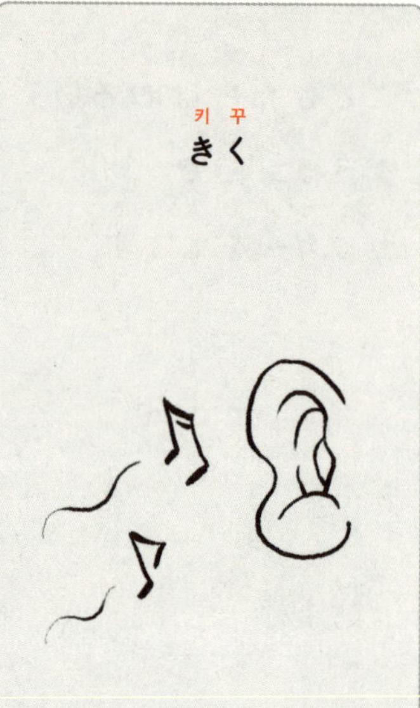
키 꾸
きく

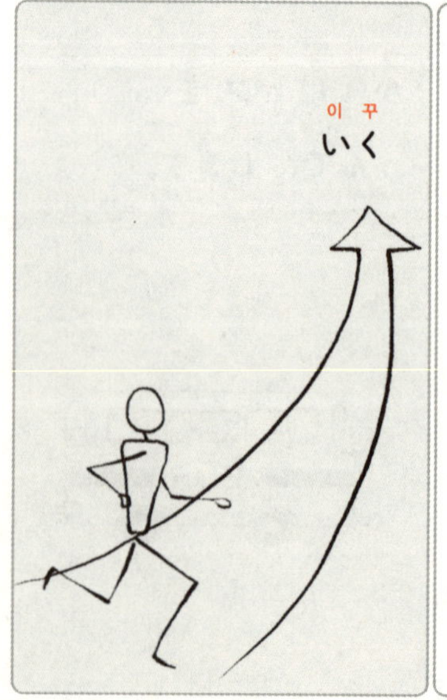
이 꾸
いく

쿠 루
くる

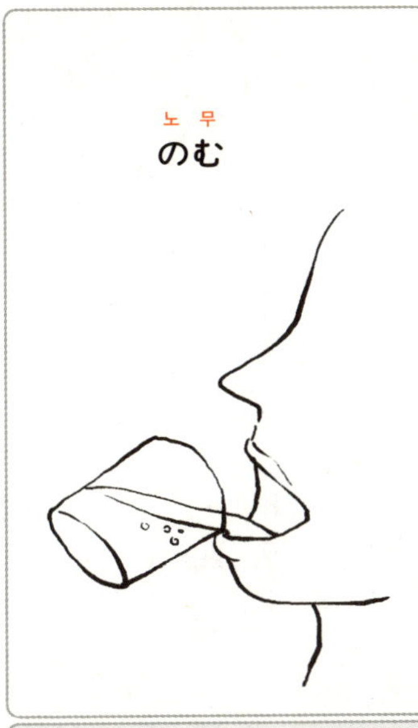
노 무
のむ

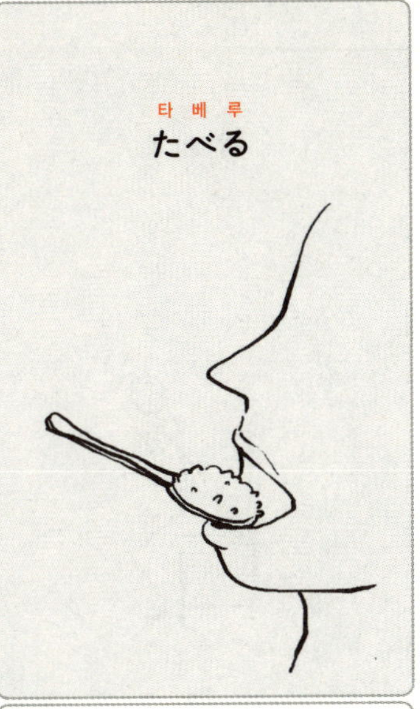
타 베 루
たべる

하 지 메 루
はじめる
End
START

오 와 루
おわる
START
End

스 와 루
すわる

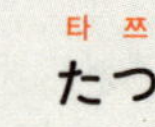

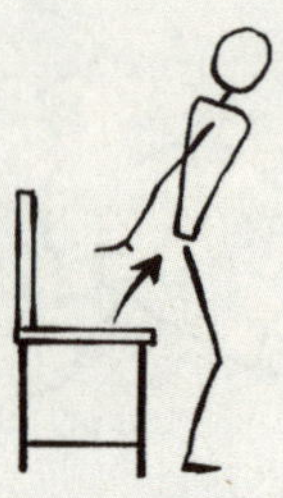

아 루 꾸
あるく

하 시 루
はしる

아 께 루
あける

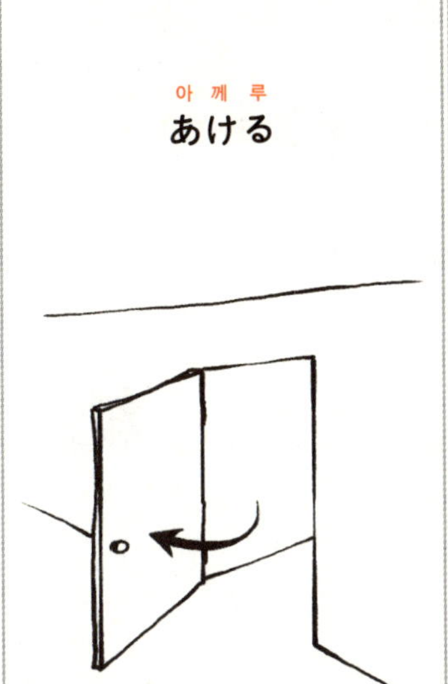

시 메 루
しめる

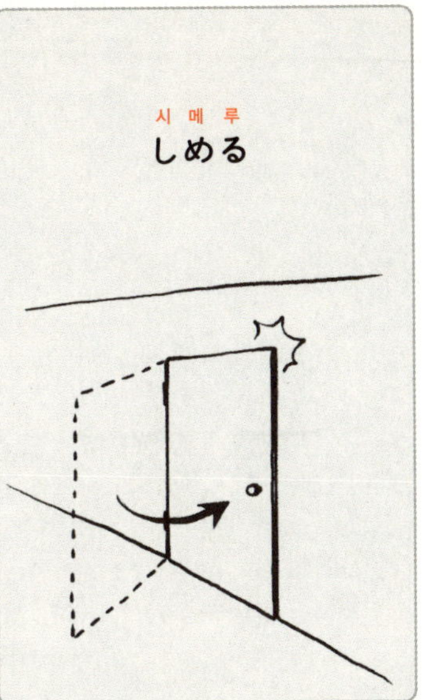

노 루
のる

오 리 루
おりる

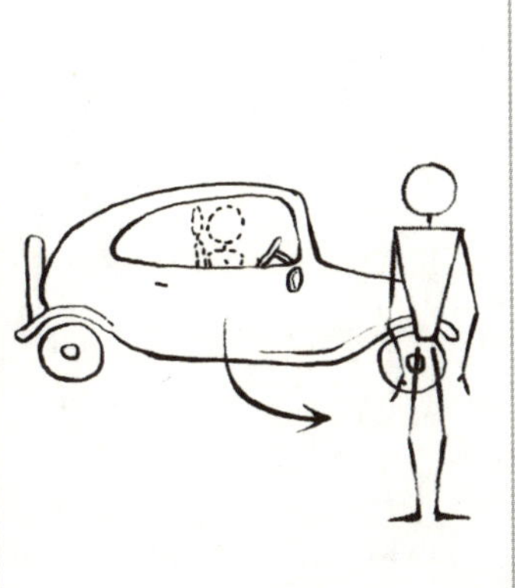

메
め

메 오 아 께 마 스
め を あけます。

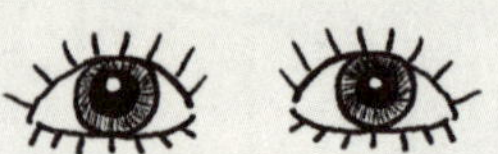

와 따 시 와 미 마 스
わたし は みます。

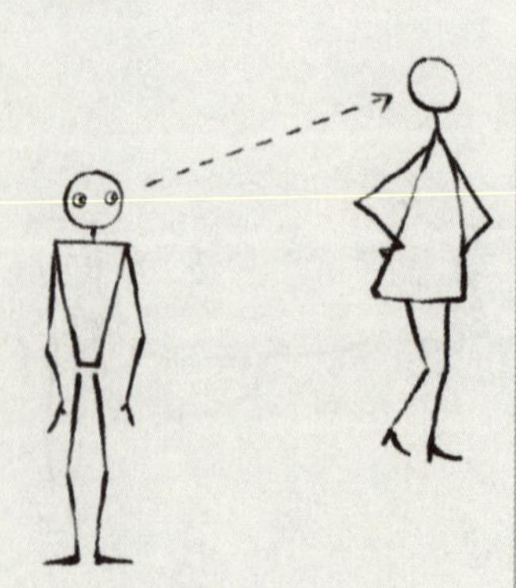

카 노 죠 노 카 오 가
かのじょ の かお が
미 에 마 스
みえます。

메 오 아 께 마 스
め を あけます。

와 따 시 와 소 라 오 미 마 스
わたし は そら を みます。

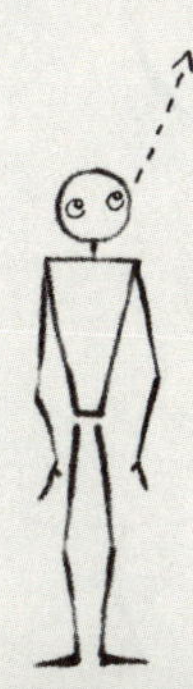

메 오 토 지 마 스
め を とじます。

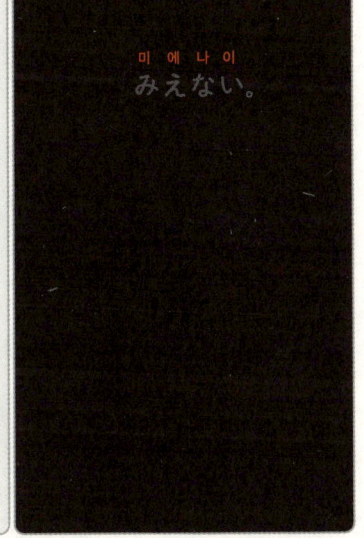

미 에 나 이
みえない。

와 따 시 와 팡 오
わたし は パン を
타 베 마 스
たべます。

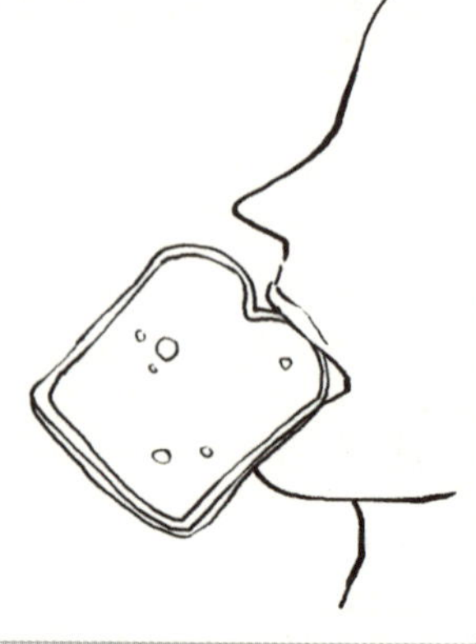

아 나 따 와 케 - 끼 오
あなた は ケーキ を
타 베 마 스
たべます。

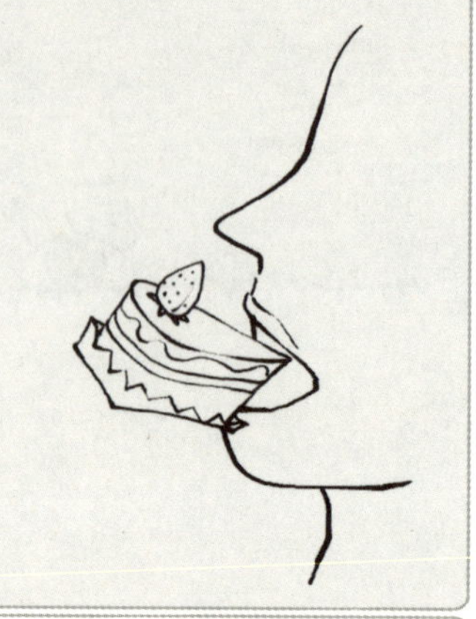

카 노 죠 와 고 항 오
かのじょ は ごはん を
타 베 마 스
たべます。

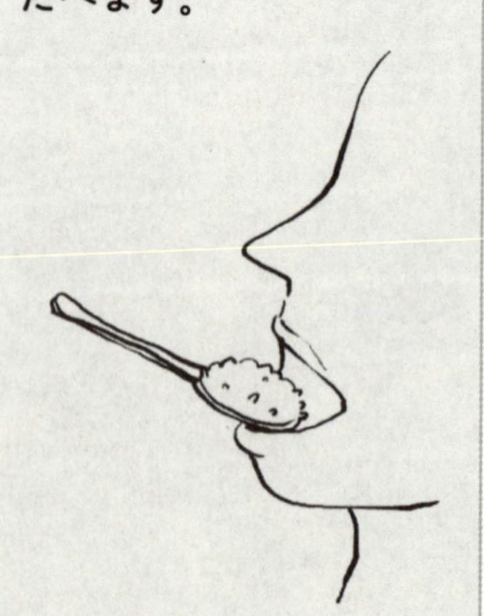

판 또 케 - 끼 또
パン と ケーキ と
고 항 와 타 베 모 노 데 스
ごはん は たべもの です。

와따시 와
わたし は
규-뉴-오
ぎゅうにゅう を
노미마스
のみます。

아나따 와 쥬-스 오
あなた は ジュース を
노미마스
のみます。

카노죠 와 미즈 오
かのじょ は みず を
노미마스
のみます。

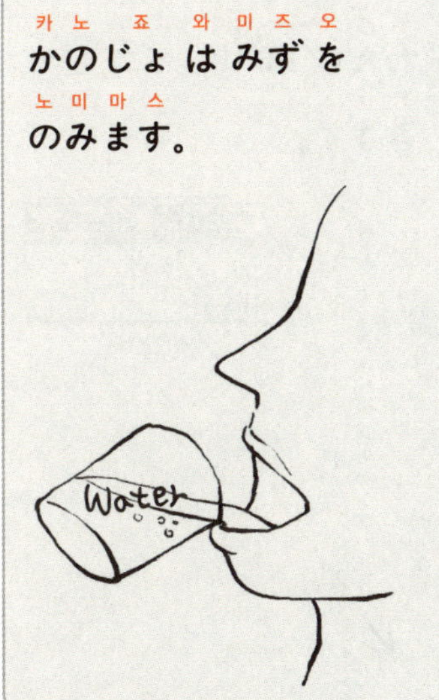

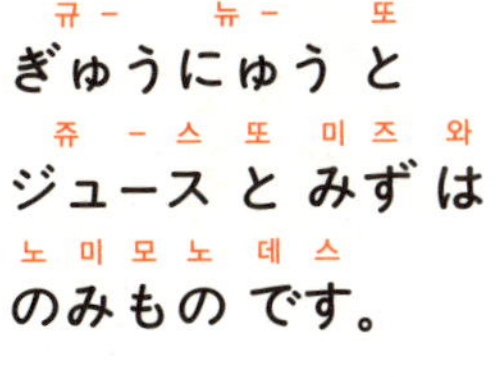
규-뉴- 또
ぎゅうにゅう と
쥬-스 또 미즈 와
ジュース と みず は
노미모노 데스
のみもの です。

와 따 시 와 이 끼 마 스
わたし は いきます。

와 따 시 와 콤 비 니 에
わたし は コンビニ へ
이 끼 마 스
いきます。

와 따 시 와 키 마 스
わたし は きます。

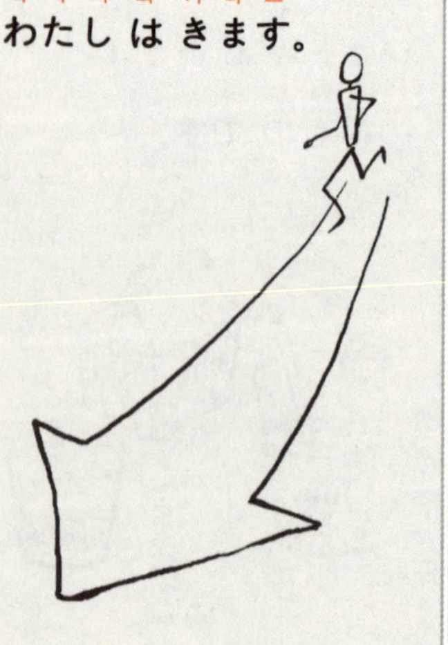

와 따 시 와 콤 비 니 까 라
わたし は コンビニ から
키 마 스
きます。

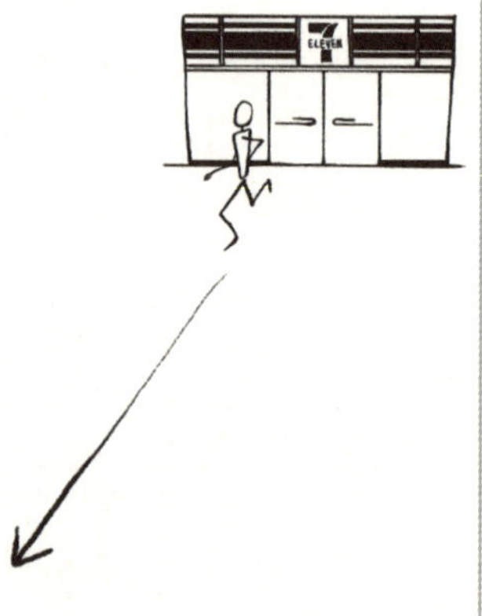

카 레 와 이 끼 마 스
かれ は いきます。

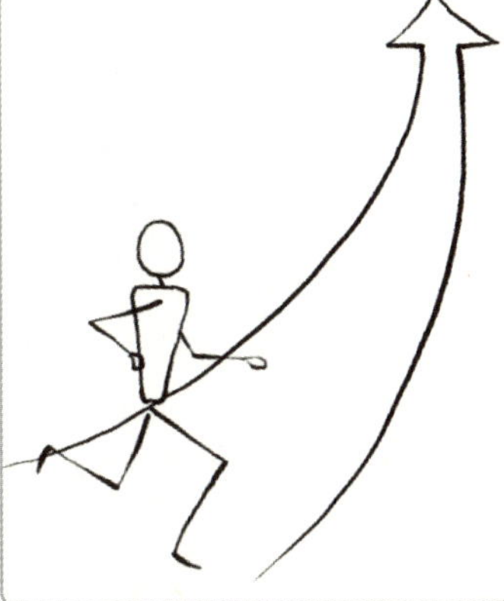

카 레 와 오 – 사 까 에
かれ は おおさか へ
이 끼 마 스
いきます。

카 레 와 키 마 스
かれ は きます。

카 레 와
かれ は
오 – 사 까 까 라 키 마 스
おおさか から きます。

이 레 루
いれる

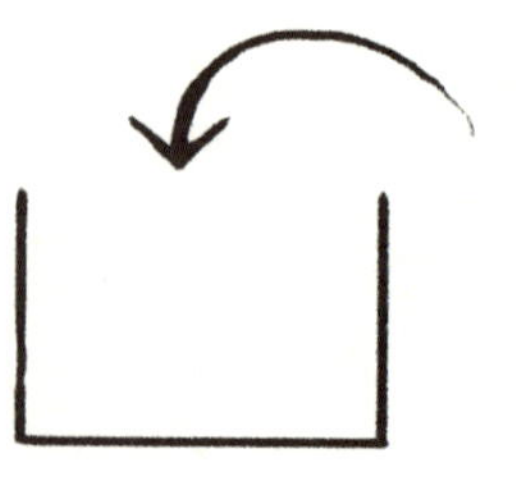

복 꾸스 노 나까 니
ボックス の なか に
보-루 뼁 오 이 레 마 스
ボールペン を いれます。

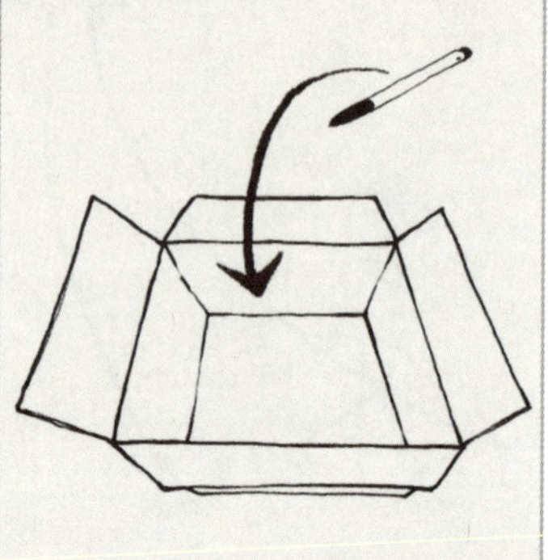

사 이 후 노 나 까 니
さいふ の なか に
오 까 네 오 이 레 마 스
おかね を いれます。

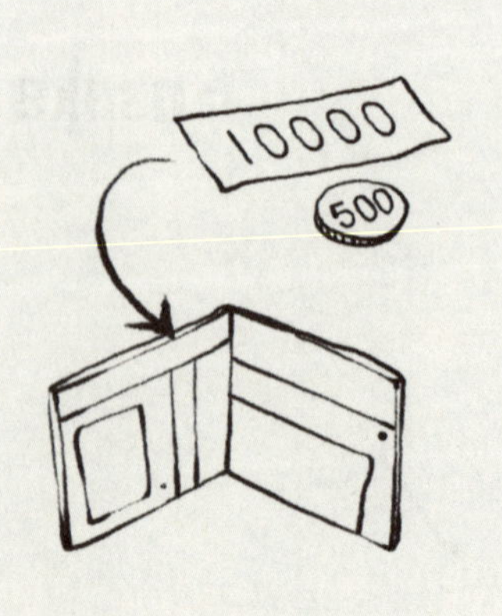

카 반 노 나 까 니
かばん の なか に
홍 오 이 레 마 스
ほん を いれます。

다스
だす

복꾸스노 나까 까라
ボックスの なか から
보-루뻥 오 다시마스
ボールペン を だします。

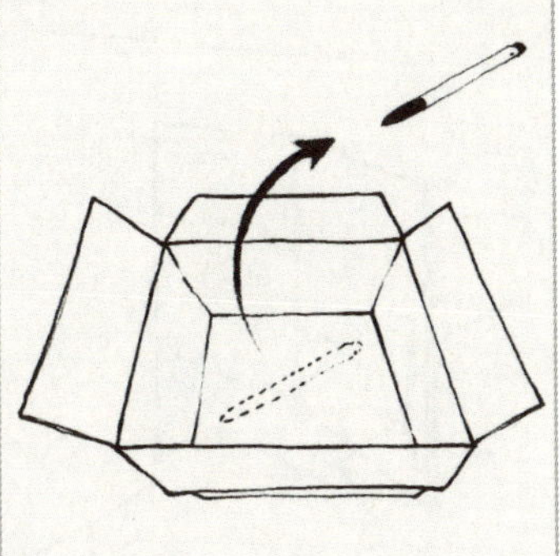

사이후 노 나까 까라
さいふ の なか から
오까네 오 다시마스
おかね を だします。

카반 노 나까 까라
かばん の なか から
홍 오 다시마스
ほん を だします。

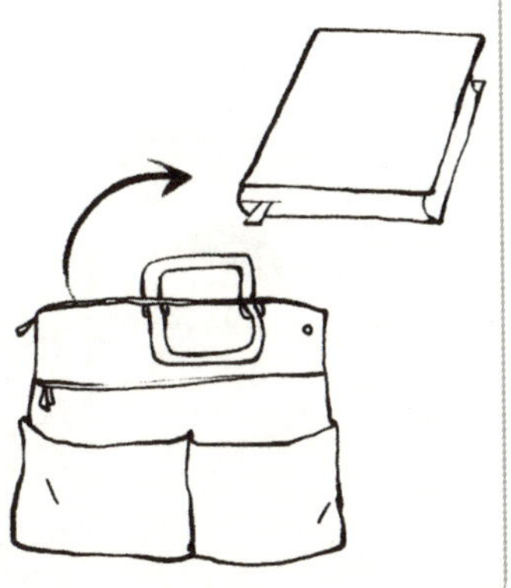

나 까 니 하 이 리 마 스
なか に はいります。

카 레 가 헤 야 니
かれ が へや に
하 이 리 마 스
はいります。

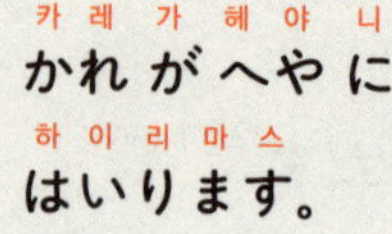

쿠 루 마 가 톤 네 루 니
くるま が トンネル に
하 이 리 마 스
はいります。

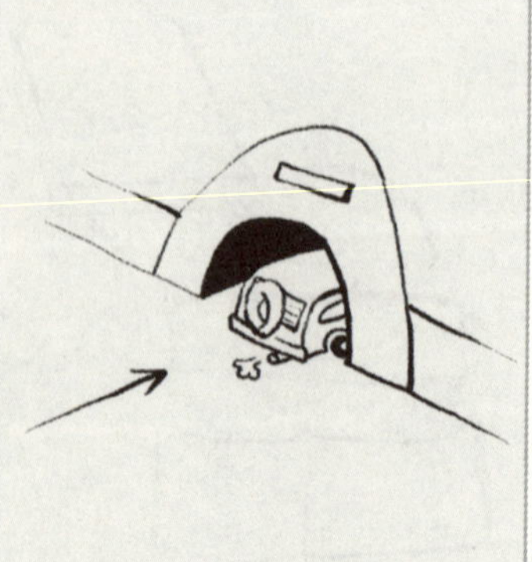

네 즈 미 가 아 나 니
ねずみ が あな に
하 이 리 마 스
はいります。

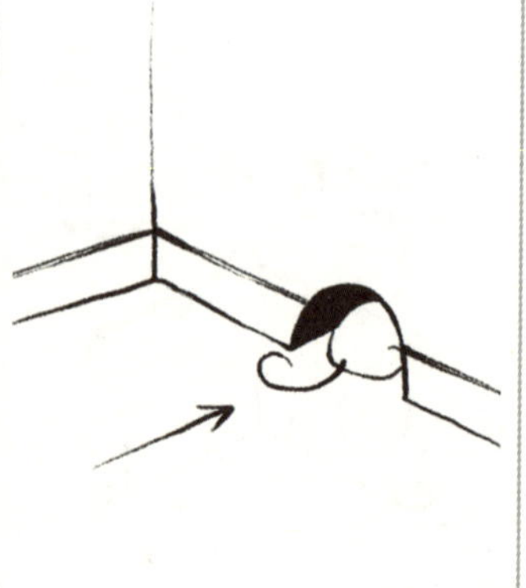

나 까 까 라 데 마 스
なか から でます。

카 레 가 헤 야 까 라 데 마 스
かれ が へや から でます。

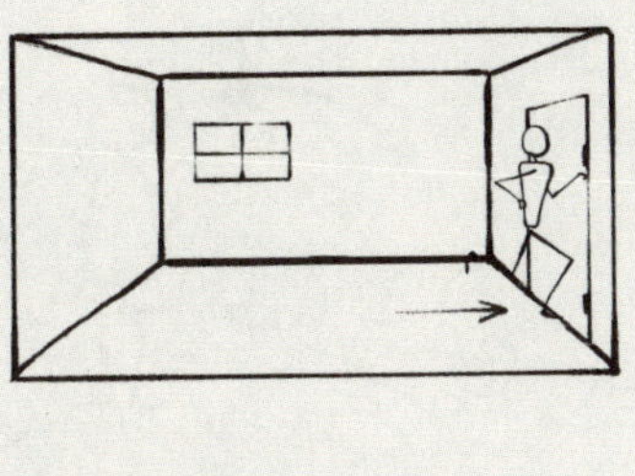

쿠 루 마 가 톤 네 루 까 라
くるま が トンネル から
데 마 스
でます。

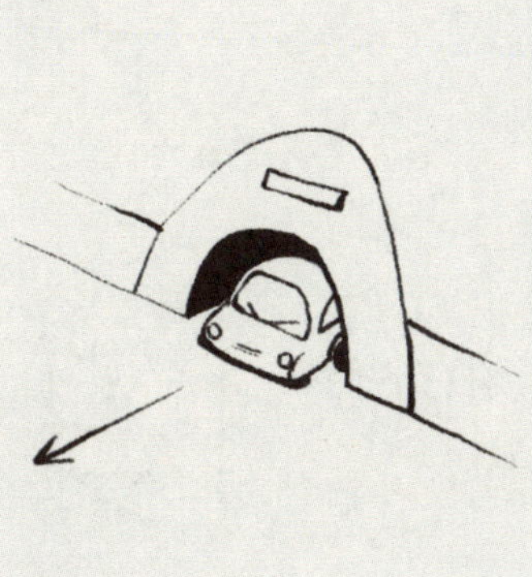

네 즈 미 가 아 나 까 라
ねずみ が あな から
데 마 스
でます。

아 까 쨩 가 코 도 모 니
あかちゃん が こども に
나 리 마 스
なります。

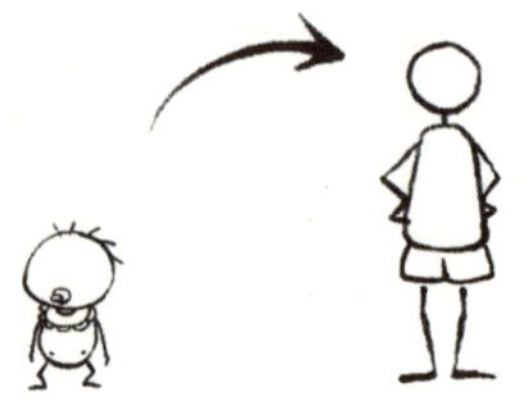

코 도 모 가 와 까 모 노 니
こども が わかもの に
나 리 마 스
なります。

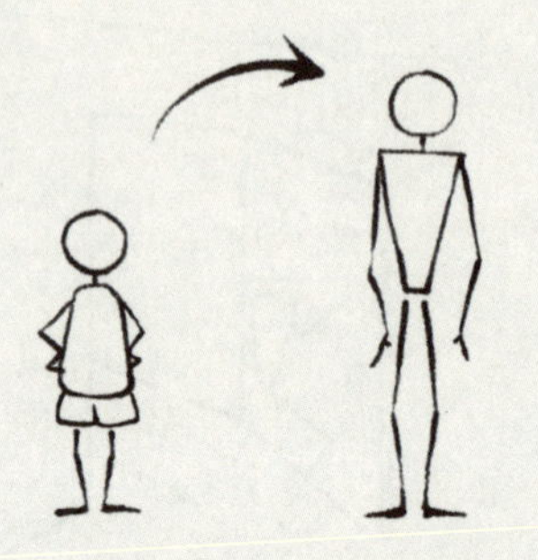

켁 꽁 오 시 마 스
けっこん を します。

와 까 모 노 가 토 시 요 리 니
わかもの が としより に
나 리 마 스
なります。

하 루 니 나 리 마 스
はる に なります。

하 나 가 사 끼 마 스
はな が さきます。

하 루 니 나 루 또
はる に なる と
하 나 가 사 끼 마 스
はな が さきます。

하 나 가 사 꾸 또
はな が さく と
하 나 미 니 이 끼 마 스
はなみ に いきます。

도 아 오 아 께 마 스
ドア を あけます。

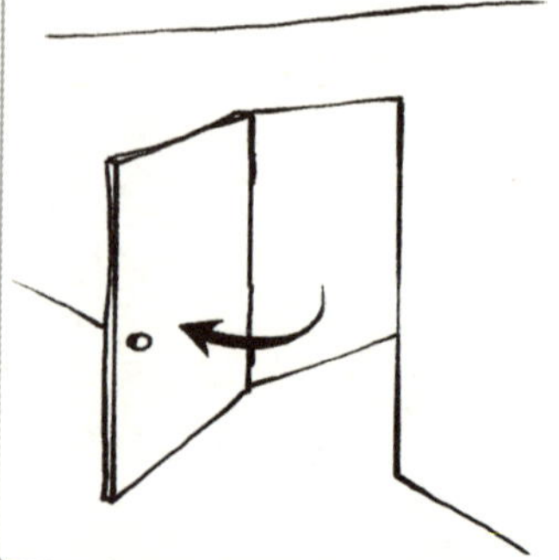

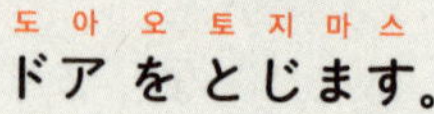

도 아 오 토 지 마 스
ドア を とじます。

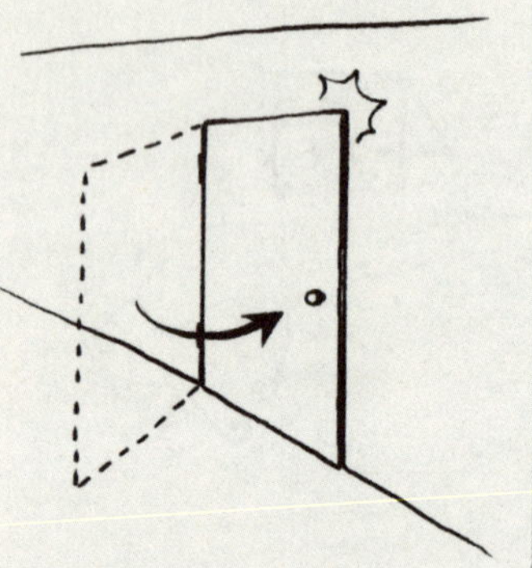

도 아 오 록 꾸 시 마 스
ドア を ロック します。

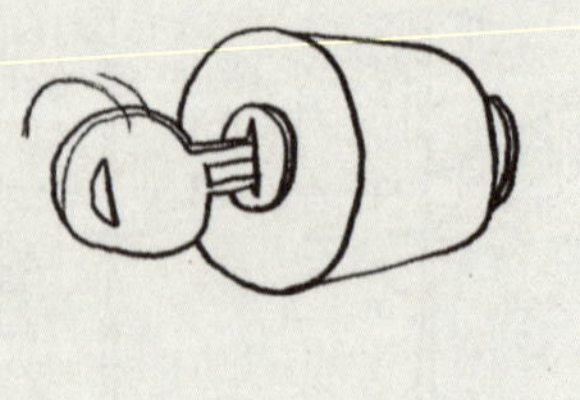

도 아 가 시 메 떼 아 리 마 스
ドア が しめて あります。

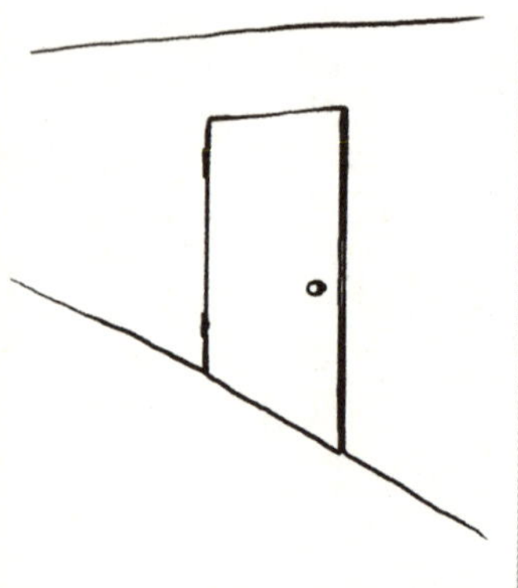

마 도 오 히 라 끼 마 스
まど を ひらきます。

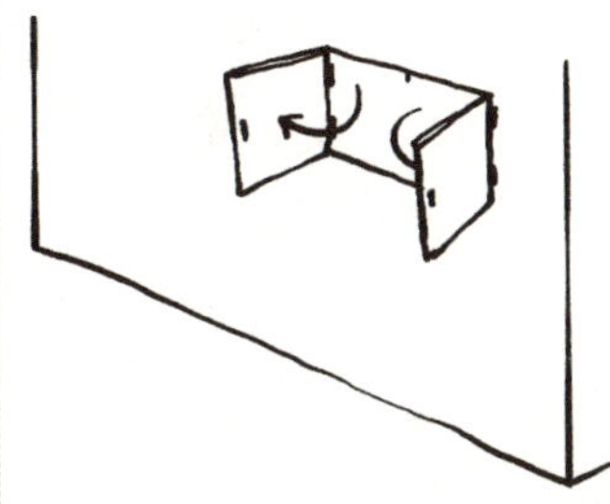

마 도 오 토 지 마 스
まど を とじます。

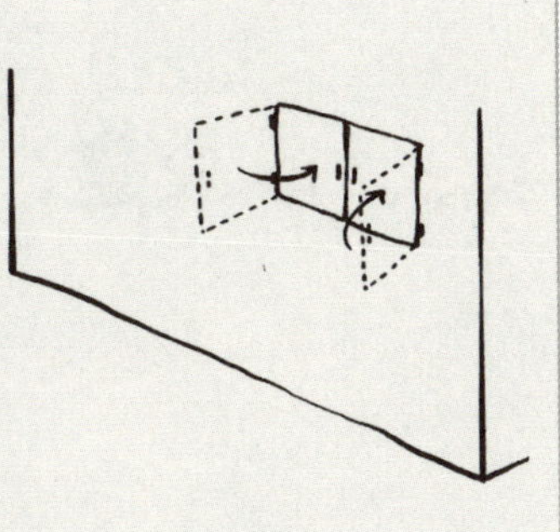

카 뗑 오 아 께 마 스
カーテン を あけます。

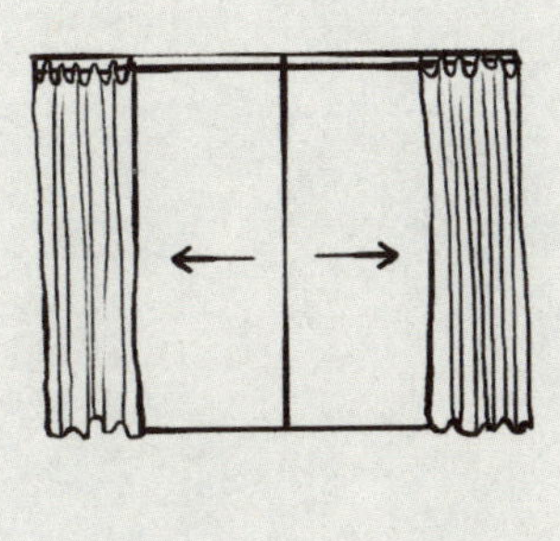

카 뗑 오 히 끼 마 스
カーテン を ひきます。

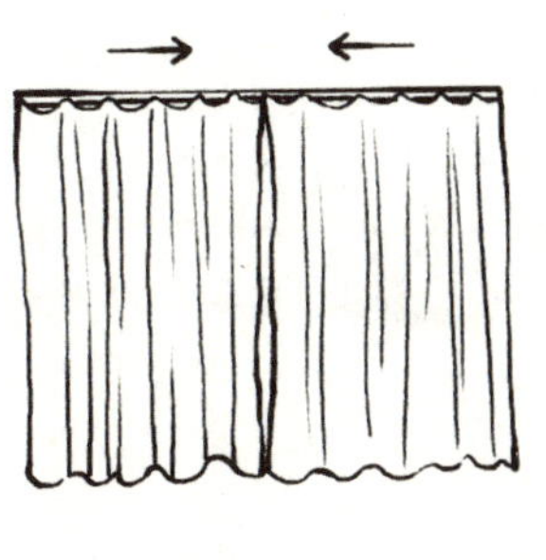

메 오 아 께 마 스
めをあけます。

메 오 아 께 루 또
めをあけると
아 나 따 가 미 에 마 스
あなたがみえます。

메 오 토 지 마 스
めをとじます。

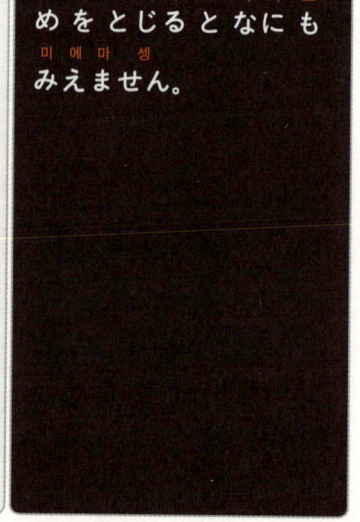

메 오 토 지 루 또 나 니 모
めをとじるとなにも
미 에 마 셍
みえません。

카레 와 카노 죠 니
かれ は かのじょ に
이 - 마 스
いいます。

카레 와 카노 죠 니
かれ は かのじょ に
스 끼 데 스 또 이 - 마 스
すきです と いいます。

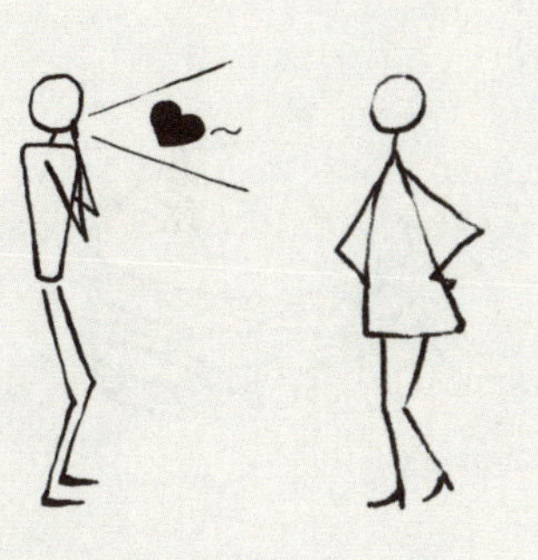

카 노 죠 와 카레 니
かのじょ は かれ に
와 따 시 모 데 스 또
わたしも です と
이 - 마 스
いいます。

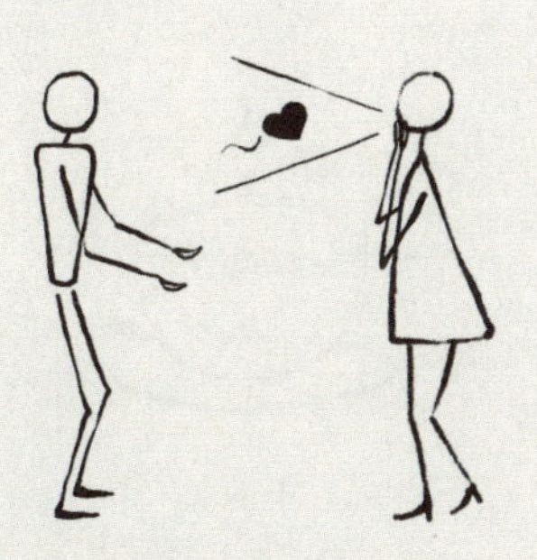

라 브 라 브
ラブラブ

HAMBURGER

니 혼 징 와 코 레 오
にほんじん は これ を
바 - 가 - 또 이 - 마 스
バーガー と いいます。

COFFEE

니 혼 징 와 코 레 오
にほんじん は これ を
코 - 히 - 또 이 - 마 스
コーヒー と いいます。

이 찌
いち
1

니
に
2

산
さん
3

욘
よん
4

고
ご
5

로 꾸
ろく
6

나 나
なな
7

하 찌
はち
8

큐 -
きゅう
9

쥬 -
じゅう
10

하 꾸
ひゃく

100

센
せん

1,000

만
まん

10,000

오 꾸
おく

100,000,000

쥬- 나나
じゅう なな

10 + 7 = 17

산 쥬-
さん じゅう

10 + 10 + 10 = 30

하 꾸 니 쥬- 이 찌
ひゃく に じゅう いち

100 + 20 + 1

= 121

이 찌 만…
いち まん…

10,000 + 2,000
+ 400 + 50 + 7

= ?

니 분 노 이 찌
にぶんのいち

$$\frac{1}{2}$$

삼 분 노 니
さんぶんのに

$$\frac{2}{3}$$

레 - 뗑 고
れいてんご

0.5

니 뗀 상 고
にてんさんご

2.35

삼 마루고
さん まるご

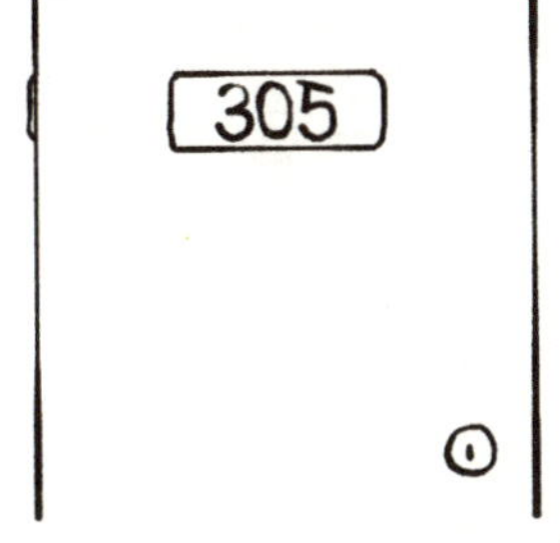

이찌 마루 뀨ー
いち まる きゅう

산 산 니 노
さん さん に の
고 니 하찌 이찌
ご に はち いち

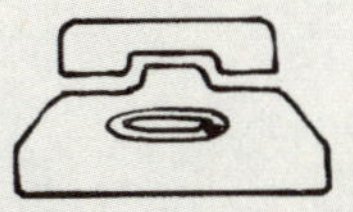

332 － 5281

제로 이찌 제로 노 나나
ゼロ いち ゼロ の なな
이찌 욘 제로 노 나나
いち よん ゼロ の なな
니 큐ー×
に きゅう ×

010－7140－729X

이 찌 프 라 스 이 찌 와
いち プラス いち は
니 데 스
に です。

1 + 1 = 2

쥬 -　마 이 나 스 로 꾸 와
じゅう マイナス ろく は
욘 데 스
よんです。

10 − 6 = 4

상　카 께 루 나 나 와
さん かける なな は
니 쥬 - 이 찌 데 스
にじゅういち です。

3 × 7 = 21

쥬 -　와 루 니 와
じゅう わる に は
고 데 스
ご です。

10 ÷ 2 = 5

산 니 고 오 타 스 또
さんにごをたすと
하 찌 니 나 리 마 스
はちになります。

$$3 + 5 = 8$$

나 나 까 라 이 찌 오 히 꾸 또
ななからいちをひくと
로 꾸 니 나 리 마 스
ろくになります。

$$7 - 1 = 6$$

고 니 큐 ー 오 카 께 루 또
ごにきゅうをかけると
욘 쥬 ー 고 니
よんじゅうごに
나 리 마 스
なります。

$$5 \times 9 = 45$$

쥬 ー 오 산 데 와 루 또
じゅうをさんでわると
산 뗀 산 산 산
さんてんさんさんさん
… 니 나 리 마 스
…になります。

$$10 \div 3 = 3.333\cdots$$

01:00	이 찌 지 いち じ
02:00	니 지 に じ
03:00	산 지 さん じ
04:00	요 지 よ じ
05:00	고 지 ご じ
06:00	로 꾸 지 ろく じ
07:00	시 찌 지 しち じ
08:00	하 찌 지 はち じ
09:00	쿠 지 く じ
10:00	쥬 ー 지 じゅう じ
11:00	쥬 ー 이 찌 지 じゅういち じ
12:00	쥬 ー 니 지 じゅうに じ

고 젠 산 지
ごぜん さん じ

03 : 00 Am

고 젠 하 찌 지
ごぜん はち じ

08 : 00 Am

고 고 니 지
ごご に じ

02 : 00 Pm

고 고 로 꾸 지
ごご ろく じ

06 : 00 Pm

고 젠 하 찌 지 한 데 스
ごぜんはちじはんです。

08：30 Am

고 고 고 지 쥬 - 고 훈
ごご ごじじゅうごふん
데 스
です。

05：15 Pm

고 고 쥬 - 이 찌 지
ごごじゅういちじ
욘 쥬 - 고 훈 데 스
よんじゅうごふんです。

11：45 Pm

고 젱 이 찌 지 데 스
ごぜんいちじです。

01：00 Am

히 또 쯔
ひとつ

후 따 쯔
ふたつ

밋 쯔
みっつ

욧 쯔
よっつ

이 쯔 쯔
いつつ

뭇 쯔
むっつ

나 나 쯔
ななつ

얏 쯔
やっつ

코 꼬 노 쯔
ここのつ

토 –
とお

바 나 나 가 밋 쯔
バナナ が みっつ
아 리 마 스
あります。

링 고 가 이 쯔 쯔
りんご が いつつ
아 리 마 스
あります。

바 나 나 가 오 - 이 데 스
バナナ が おおい です。

링 고 와 스 꾸 나 이 데 스
りんご は すくないです。

히 또 리
ひとり

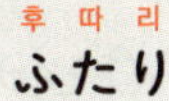

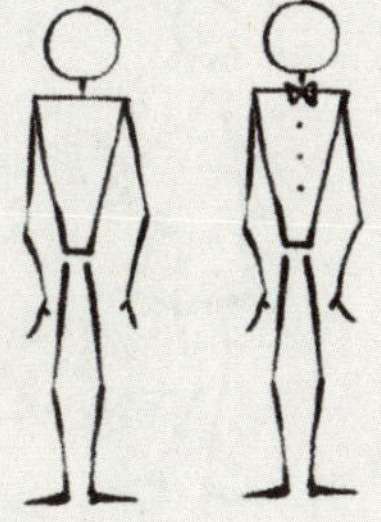

산 닌
さんにん

요 닌
よにん

온 나 가 히 또 리 이 마 스
おんな が ひとり います。

온 나 히 또 리 또
おんな ひとり と
오 또 꼬 히 또 리 가 이 마 스
おとこ ひとり が います。

온 나 히 또 리 또
おんな ひとり と
오 또 꼬 히 또 리 또 코 도 모
おとこ ひとり と こども
후 따 리 가 이 마 스
ふたり が います。

코 도 모 와
こども は
난 닌 데 스 까
なんにん です か？

입　삐　끼
いっぴき

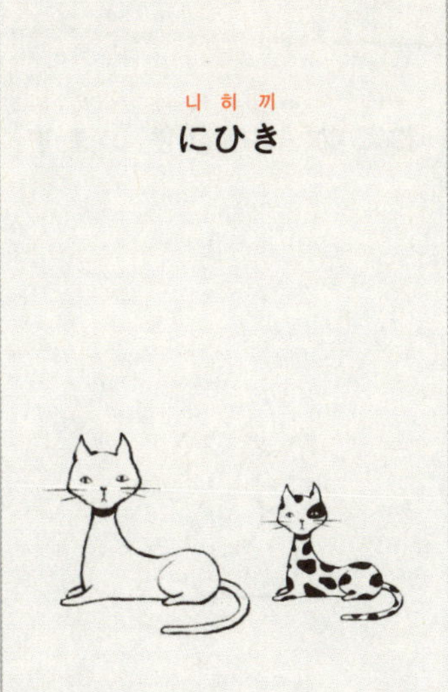

니 히 끼
にひき

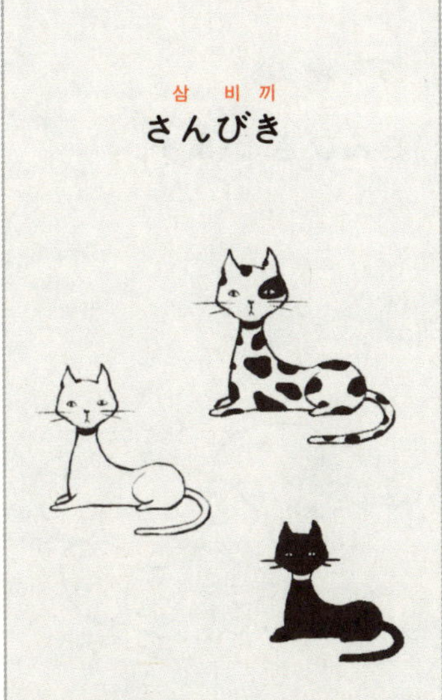

삼　비　끼
さんびき

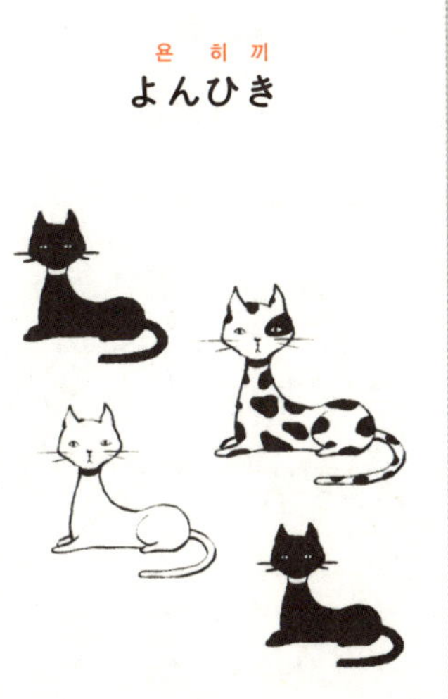

욘　히　끼
よんひき

네꼬 가 입 삐 끼 이 마 스
ねこ が いっぴき います。

네꼬 입 삐 끼 또
ねこ いっぴき と
사 루 니 히 끼 가 이 마 스
さる にひき が います。

네꼬 입 삐 끼, 사 루
ねこ いっぴき、さる
니 히 끼, 라 이 온
にひき、ライオン
잇 또- 가 이 마 스
いっとう が います。

네 즈 미 가
ねずみ が
삼 비 끼 이 마 스
さんびき います。

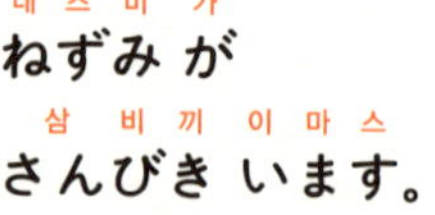

키노-	쿄-	아시따	아삿떼
きのう	きょう	あした	あさって
16日	17日	18日	19日

Sun	Mon	Tue	Wed	Thu	Fri	Sat	
	1	2	3	4	5	6	
7	8	9	10	11	12	13	……せんしゅう (센슈-)
14	15	16	17	18	19	20	……こんしゅう (콘슈-)
21	22	23	24	25	26	27	……らいしゅう (라이슈-)
28	29	30					

셍 게 쯔 せん げつ	콩 게 쯔 こん げつ	라 이 게 쯔 らい げつ
3月	4月	5月

쿄 넨 きょ ねん	코 또 시 ことし	라 이 넨 らい ねん
2008	2009	2010

카 레 와 이 찌 지 깐
かれ は いち じかん
마 에 코 꼬 니 이 마 시 따
まえ ここ に いました。

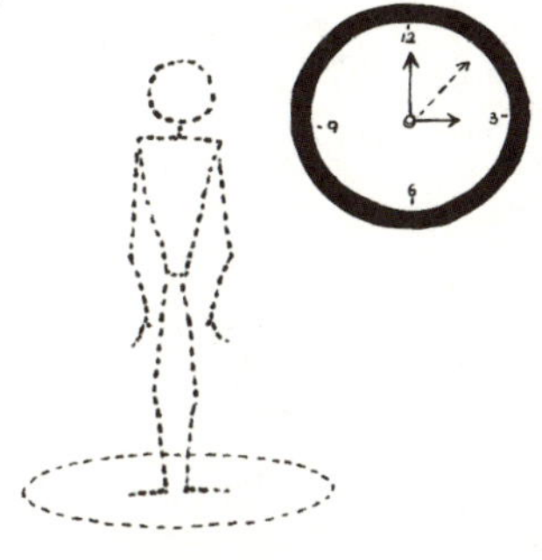

카 레 와 이 마 코 꼬 니
かれ は いま ここ に
이 마 셍
いません。

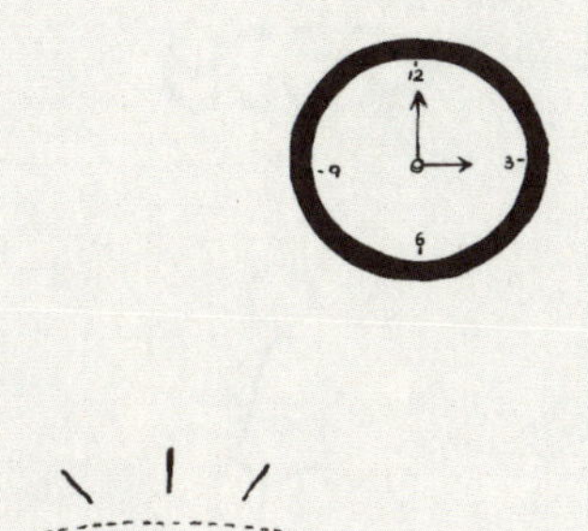

카 레 와 이 마 도 꼬 니
かれ は いま どこ に
이 마 스 까
います か？

카 레 와 이 마 아 소 꼬 니
かれ は いま あそこ に
이 마 스
います。

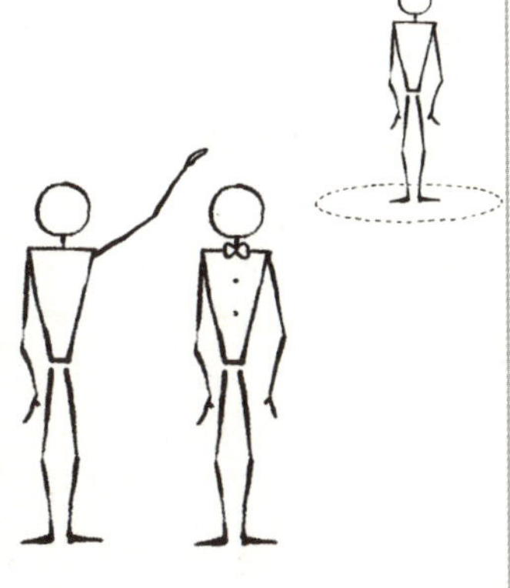

코 또 시, 카 노 죠 와
ことし、かのじょ は
쥬 - 로 꾸 사 이 데 스
じゅう ろく さい です。

2009

쿄 넹, 카 노 죠 와
きょねん、かのじょ は
쥬 - 고 사 이 데 시 따
じゅう ご さい でした。

2008

라 이 넹, 카 노 죠 와
らいねん、かのじょ は
쥬 - 나 나 사 이 니
じゅう なな さい に
나 리 마 스
なります。

2010

사 라 이 넹, 카 노 죠 와
さ らいねん、かのじょ は
쥬 - 핫 사 이 니
じゅう はっさい に
나 리 마 스
なります。

2011

키 노 - 와 쿠 모 리 데 시 따
きのう は くもり でした。

25日 26日 27日 28日

코 - 와 아 메 데 스
きょう は あめ です。

아 시 따 와 하 레 데 스
あした は はれ です。

25日 26日 27日 28日

아 삿 떼 와 하 레 데 스 까,
あさって は はれ です か、
쿠 모 리 데 스 까
くもり です か？

25日 26日 27日 28日

우 미 까 라 히 가
うみ から ひ が
데 마 스
でます。

히 가 데 루 또 아 사 니
ひ が でる と あさ に
나 리 마 스
なります。

아 사 니 나 루 또
あさ に なる と
아 사 고 항 오 타 베 마 스
あさ ごはん を たべます。

아 사 고 항 오 타 베 떼
あさ ごはん を たべて
각 꼬 – 에 이 끼 마 스
がっこう へ いきます。

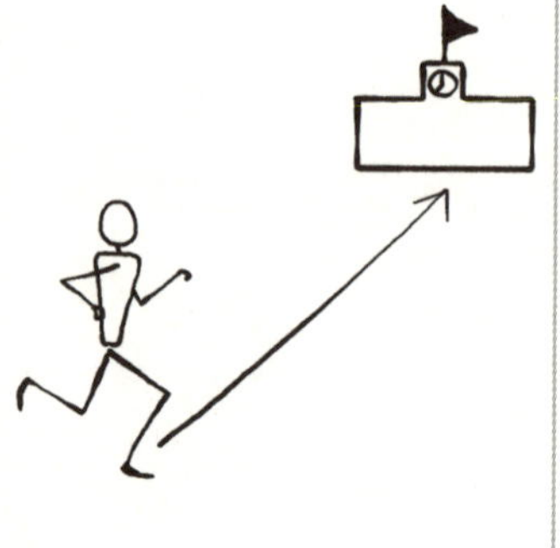

각 꼬 – 데
がっこう で
벵 꾜 – 오 시 마 스
べんきょう を します。

쥬 – 니 지 니
じゅう にじ に
란 찌 오 타 베 마 스
ランチをたべます。

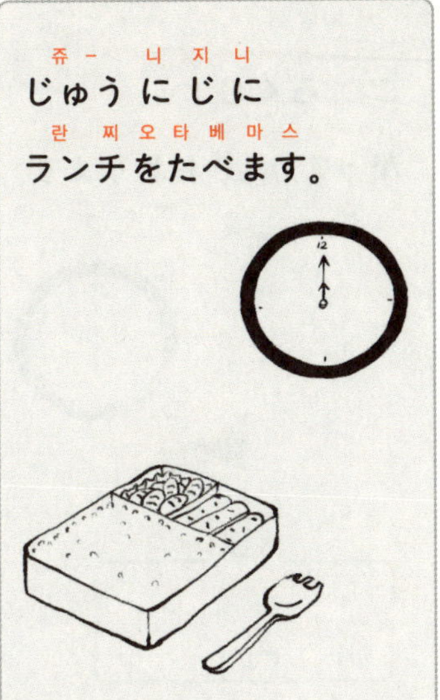

란 찌 오 타 베 떼
ランチ を たべて
토 모 다 찌 또 야 뀨 – 오
ともだち と やきゅう を
시 마 스
します。

고 고 이 찌 지 까 라
ごご いち じ から
고 지 마 데 벵 꾜 – 오
ごじ まで べんきょう を
시 마 스
します。

고 고 로 꾸 지 니
ごご ろくじ に
각 꼬 - 가 오 와 리 마 스
がっこう が おわります。

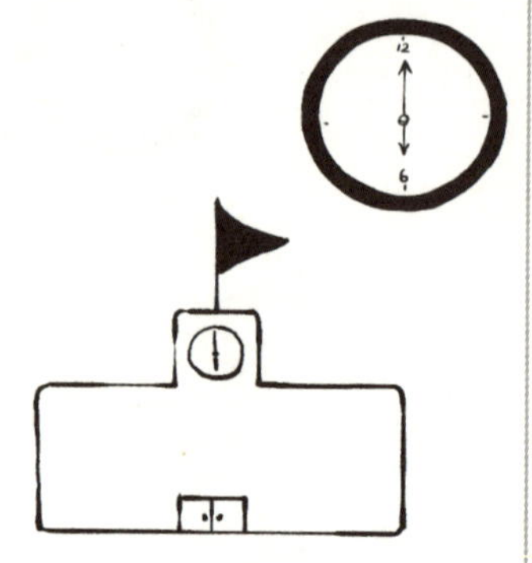

각 꼬 - 가 오 와 루 또
がっこう が おわる と
우 찌 에 카 에 리 마 스
うち へ かえります。

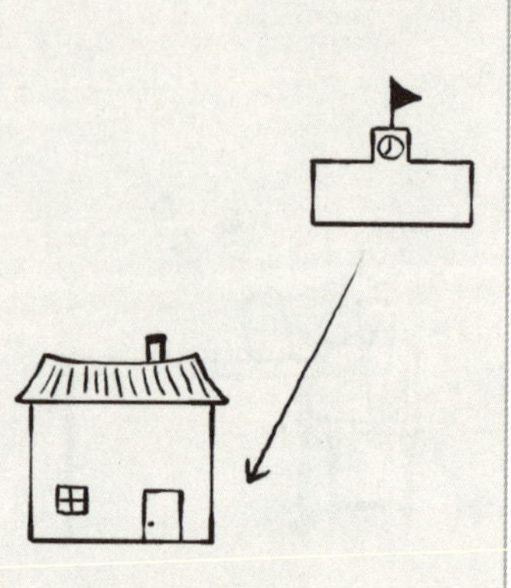

우 찌 에 카 엣 떼
うち へ かえって
테 레 비 오 미 마 스
テレビ を みます。

와 따 시 와 쥬 -
わたし は じゅう
이 찌 지 니 네 마 스
いちじ に ねます。

요 루, 와 따 시 와
よる、わたし は
유 메 오 미 마 시 따
ゆめをみました。

코 와 이 유 메 데 시 따
こわい ゆめ でした。

아 사 히 가 데 마 스
あさひ が でます。

와 따 시 와 쿄 - 모
わたし は きょう も
각 꼬 - 에 이 끼 마 스
がっこう へ いきます。

카 레 와 히 또 리 데
かれ は ひとり で
요 루 노 소 라 오 미 마 스
よる の そら を みます。

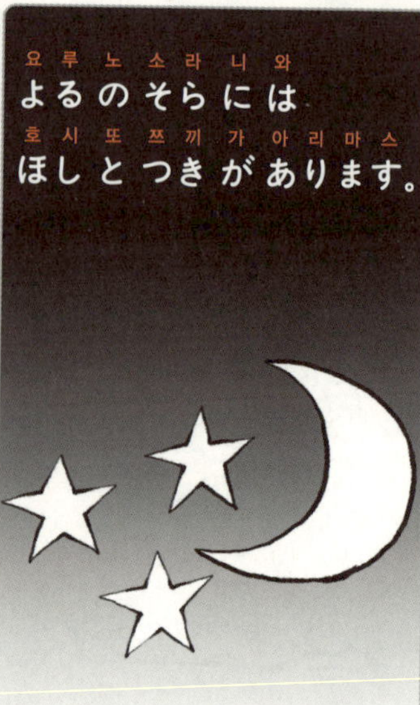
요 루 노 소 라 니 와
よる の そら に は
호 시 또 쯔 끼 가 아 리 마 스
ほし と つき が あります。

쯔 끼 와 히 또 쯔 아 리 마 스
つき は ひとつ あります。

호 시 와
ほし は
타 꾸 상 아 리 마 스
たくさん あります。

카노죠 와 나끼마스
かのじょ は なきます。

메 까라 나미다 가 데마스
め から なみだ が でます。

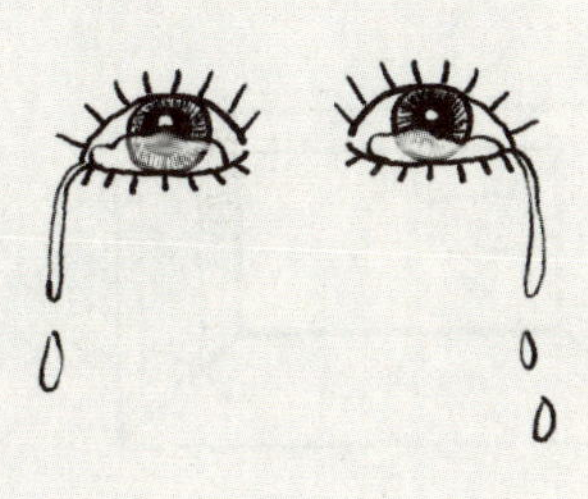

아사 니 나리마시따
あさ に なりました。

아사 니 나루 또 쯔끼 또
あさ に なる と つき と
호시 와 미에마셍
ほし は みえません。

카 레 와 헤 야 노
かれ は へや の
나 까 니 하 이 리 마 스
なか に はいります。

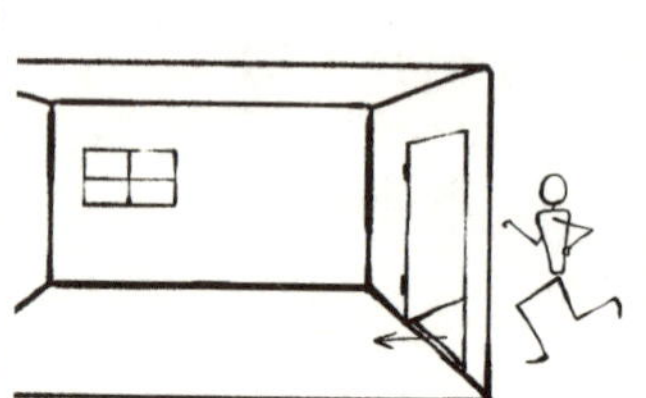

카 레 와 이 스 니
かれ は いす に
스 와 리 마 스
すわります。

테 - 브 루 노 우 에 니
テーブル の うえ に
홍 가 아 리 마 스
ほん が あります。

카 레 와 이 스 니 스 왓 떼
かれ は いす に すわって
홍 오 요 미 마 스
ほん を よみます。

카 레 와 이 마 이 스 니
かれ は いま いす に
스 왓 떼 이 마 스
すわって います。

카 레 와 이 마 옹 가 꾸 오
かれ は いま おんがく を
키 이 떼 이 마 스
きいて います。

카 레 와 옹 가 꾸 오
かれ は おんがく を
키 끼 나 가 라 홍 오
きき ながら ほん を
요 미 마 스
よみます。

카 레 와 이 마 이 스 니
かれ は いま いす に
스 왓 떼 옹 가 꾸 오
すわって おんがく を
키 끼 나 가 라 홍 오
きき ながら ほん を
욘 데 이 마 스
よんで います。

코노 헤야 와 토떼모
このへやはとても
키따나이 데스
きたない です。

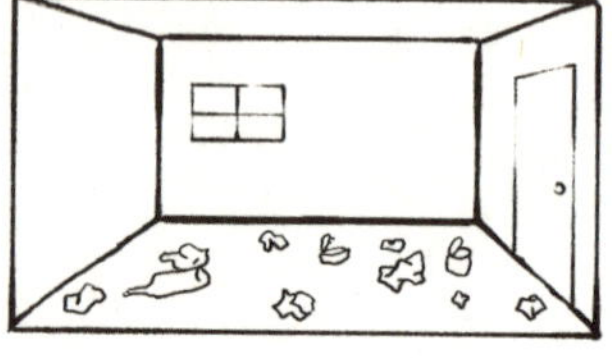

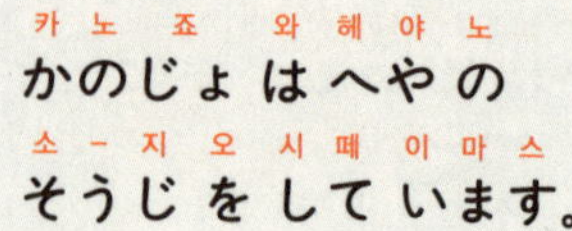

카노 죠 와 헤야 노
かのじょはへやの
소-지 오 시떼 이마스
そうじ をして います。

헤야 가 단 당
へやがだんだん
키레-니 나리 마스
きれいになります。

헤야 가 키레-니
へやがきれいに
나리마시따
なりました。

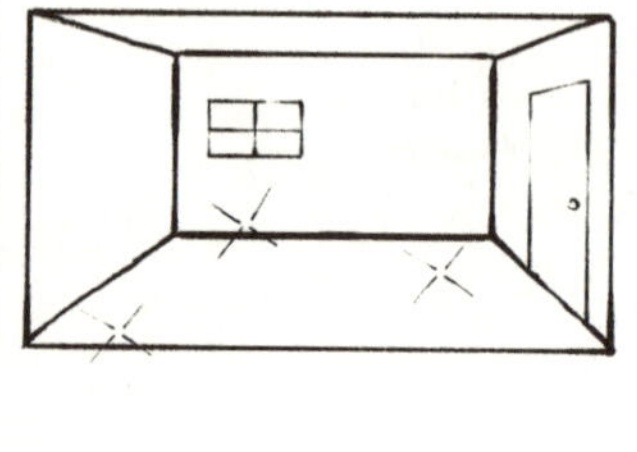

코레 와 카와 데스
これ は かわ です。

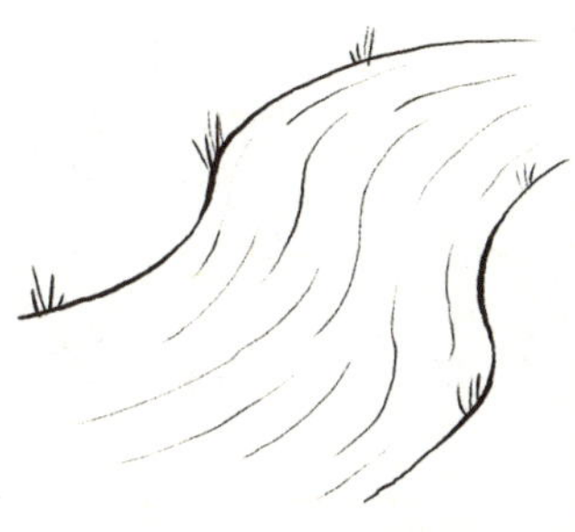

코노 카와 와 키레－데스
この かわ は きれいです。

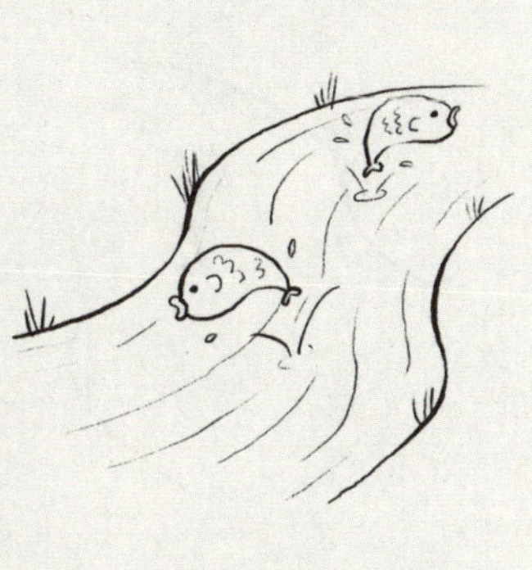

키레－나 카와 데
きれいな かわ で
오요구 코또 가 데끼마스
およぐ こと が できます。

쯔메따이 ~
つめたい ~

코 레 모 카 와 데 스
これ も かわ です。

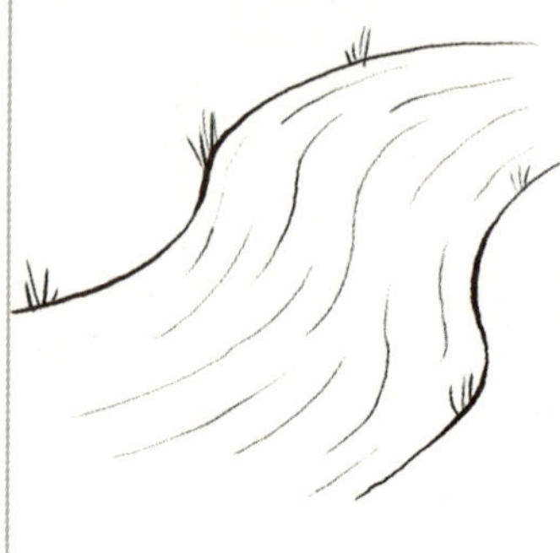

코 노 카 와 와 키 레 - 데 와
このかわ は きれいでは
아 리 마 셍
ありません。

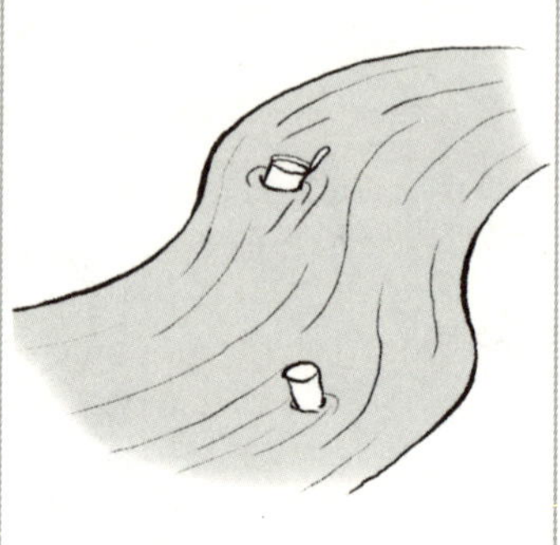

키 따 나 이 데 스
きたない です。

코 노 카 와 데 와
このかわ では
오 요 구 코 또 가
およぐ こと が
데 끼 마 셍
できません。

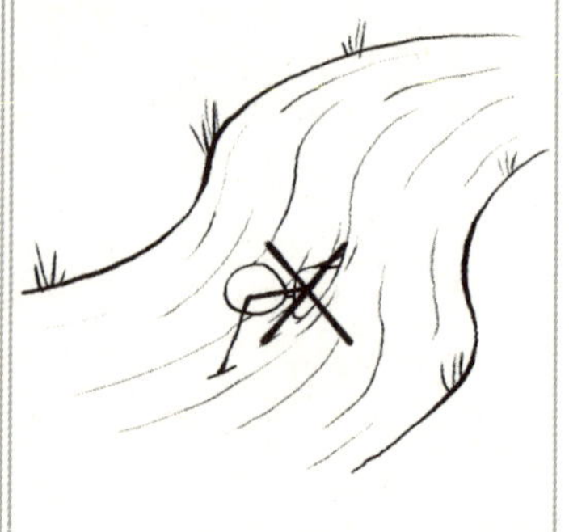

와 따 시 와 데 빠 - 또 에
わたし は デパート へ
이 끼 마 스
いきます。

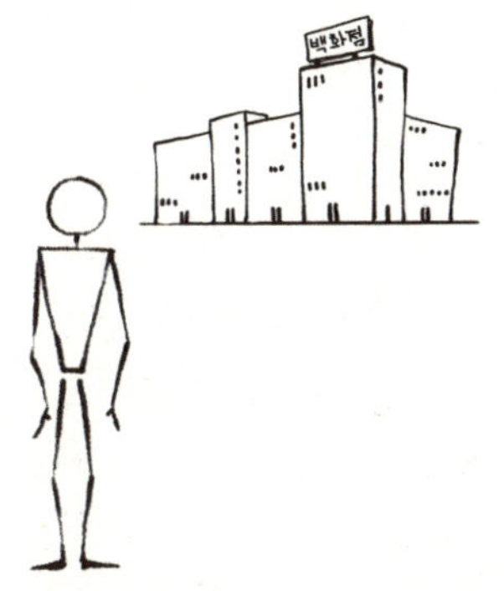

데 빠 - 또 마 데 와
デパート までは
토 - 이 데 스
とおい です。

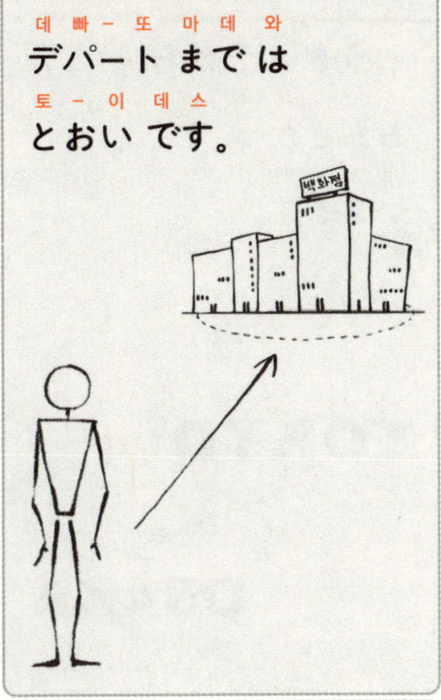

아 루 이 떼 이 꾸 또
あるいて いく と
이 찌 지 깡 카 까 리 마 스
いちじかん かかります。

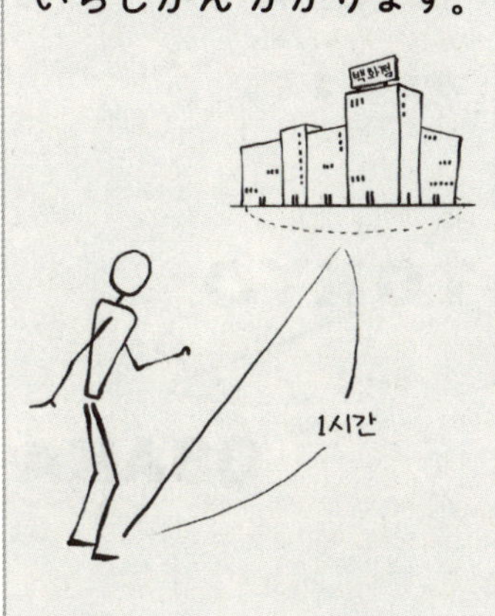

타 꾸 시 - 데 이 꾸 또
タクシー で いく と
쥽 뿡 카 까 리 마 스
じゅっぷん かかります。

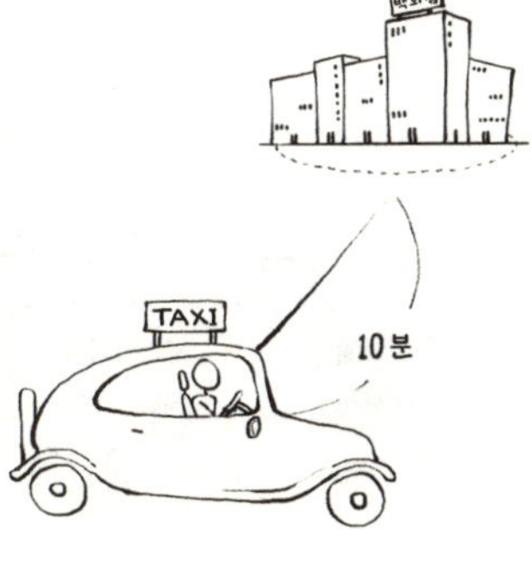

토- 꼬- 까라
とうきょう から
오-사까 마데
おおさか まで
이끼마스
いきます。

TOKYO

OSAKA

오-사까 와 토떼모
おおさか は とても
토-이 데스
とおい です。

おおさか

とうきょう

바스니 놋떼 이끼마스
バス に のって いきます。

오-사까 마데와
おおさか までは
로꾸 지깡 쿠라이
ろく じかん くらい
카까리마스
かかります。

아 사
＜あさ＞
오 하 요 - 고 자 이 마 스
おはよう ございます。

<히 루>
〈ひる〉
콘 니 찌 와
こんにちは。

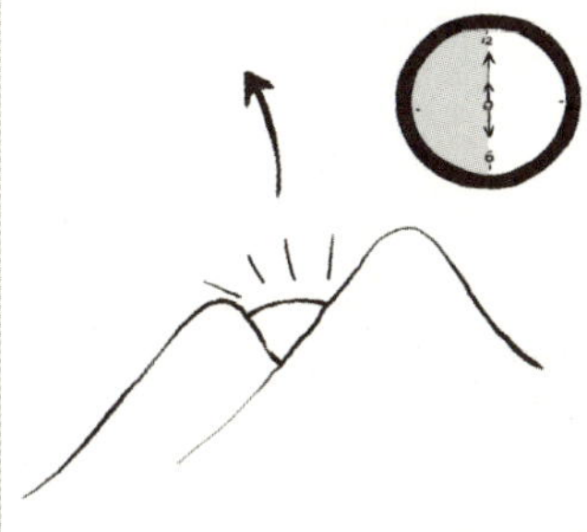

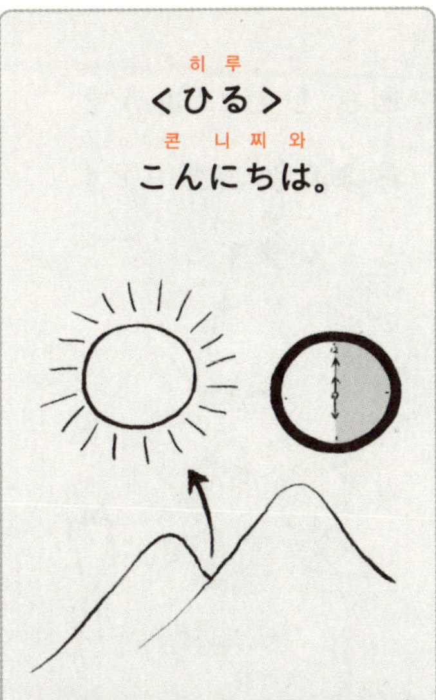

요 루 오 소 꾸
〈よる〉
콤 방 와
こんばんは。

＜よる おそく＞
오 야 스 미 나 사 이
おやすみなさい。

아 사, 히 또 니 아 우 또
あさ、ひと に あう と
오 하 요 - 고 자 이 마 스
おはよう ございます
또 이 - 마 스
と いいます。

히 루, 히 또 니 아 우 또
ひる、ひと に あう と
콘 니 찌 와 또 이 - 마 스
こんにちは と いいます。

요 루, 히 또 니 아 우 또
よる、ひと に あう と
콤 방 와 또 이 - 마 스
こんばんは と いいます。

오 야 스 미 나 사 이
おやすみなさい。

하 루 와 아 따 따 까 이 데 스
はる は あたたかい です。

하 루 니 나 루 또 하 나 가
はる に なる と はな が
사 끼 마 스
さきます。

나 쯔 와 아 쯔 이 데 스
なつ は あつい です。

나 쯔 니 나 루 또
なつ に なる と
우 미 니 이 끼 마 스
うみ に いきます。

아 끼 와 스 즈 시 – 데 스
あき は すずしい です。

아 끼 니 나 루 또
あき に なる と
하 가 오 찌 마 스
は が おちます。

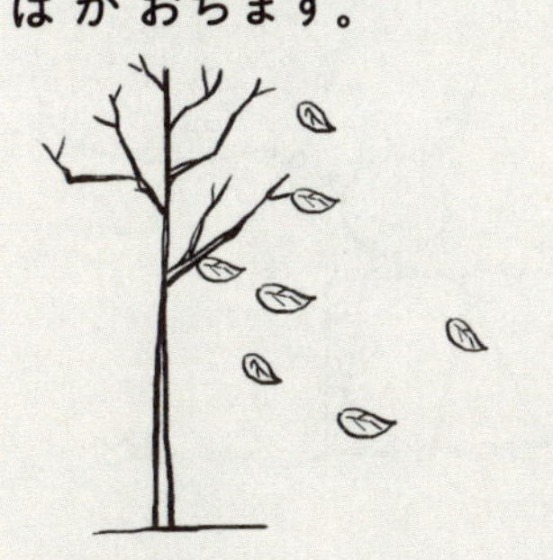

후 유 와 사 무 이 데 스
ふゆ は さむい です。

후 유 니 나 루 또
ふゆ に なる と
유 끼 가 후 리 마 스
ゆき が ふります。

카 레 와 카 노 죠 오
かれ は かのじょ を
오 모 이 마 스
おもいます。

무 즈 까 시 ー 몬 다 이 오
むずかしい もんだい を
캉 가 에 마 스
かんがえます。

카 레 와 료 ー 싱 오
かれ は りょうしん を
오 모 이 마 스
おもいます。

켁 꼰 노 몬 다 이 오
けっこん の もんだい を
캉 가 에 마 스
かんがえます。

코노 미찌다 또
このみちだと
오모이마스
おもいます。

미라이오 캉 가에마스
みらいを かんがえます。

소또와 사무이 또
そとは さむい と
오모이마스
おもいます。

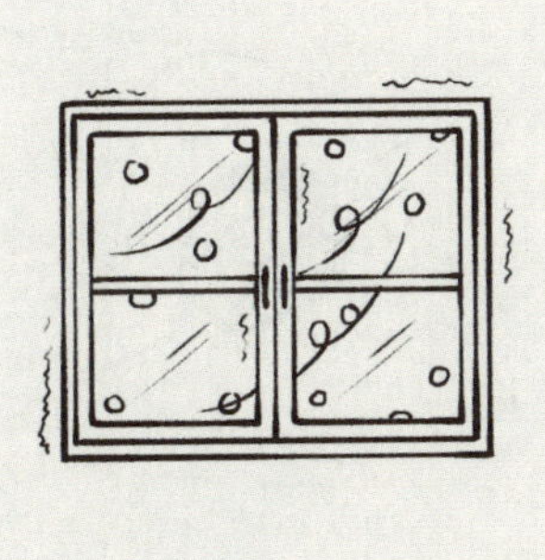

코노 히또와 나니오
このひとは なにを
캉 가에떼 이마스 까
かんがえて います か?

쿠 루 마 가
くるま が
톤 네 루 노 나 까 니
トンネル の なか に
하 이 리 마 스
はいります。

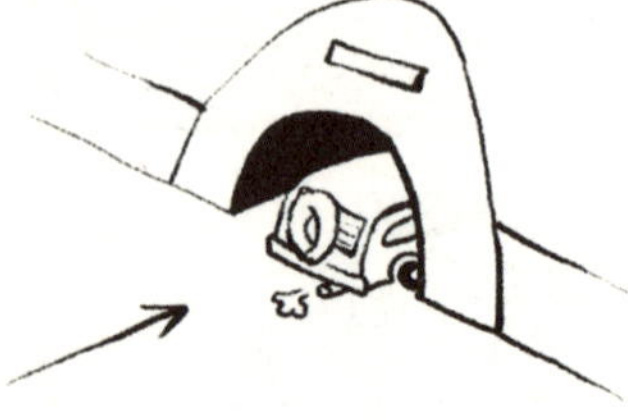

쿠 루 마 가
くるま が
톤 네 루 노 나 까 오
トンネル の なか を
하 시 리 마 스
はしります。

톤 네 루 노 나 까 와
トンネル の なか は
쿠 라 이 데 스
くらい です。

쿠 루 마 가
くるま が
톤 네 루 노 나 까 까 라
トンネル の なか から
데 마 스
でます。

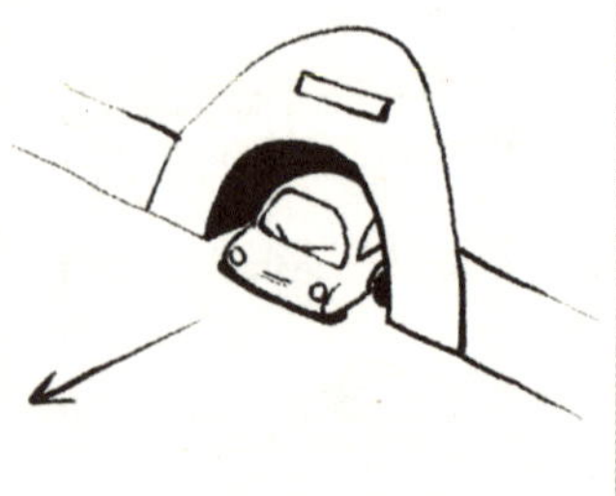

카레 와 뎅와니
かれ は でんわ に
코잉 오 이레마스
コイン を いれます。

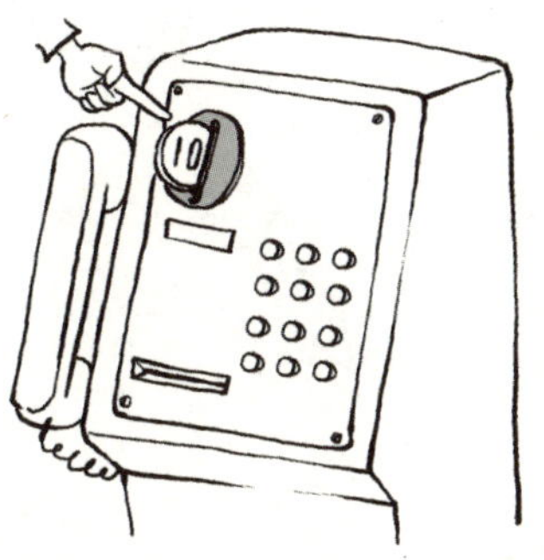

카레 와카노죠 니
かれ は かのじょ に
뎅 와 오 카께마스
でんわ を かけます。

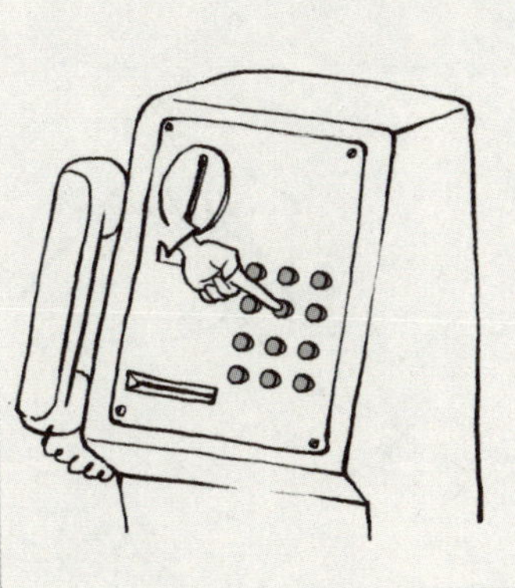

카레 와스끼데스 또
かれ は すきです と
이－ 마스
いいます。

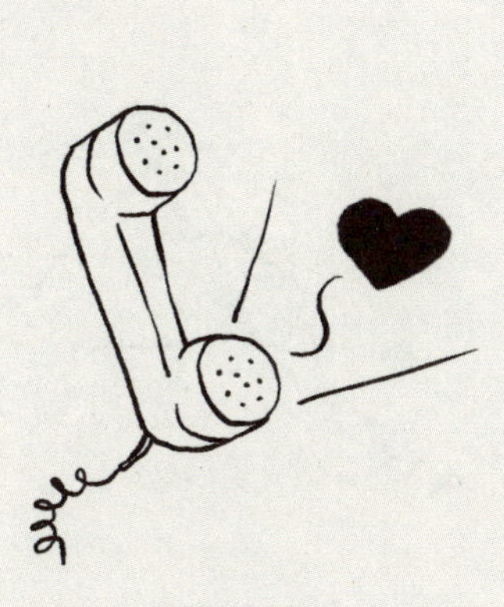

라브라브~
ラブラブ~

나 마 에 오 카 끼 마 스
なまえ を かきます。

나 마 에 오 칸 지 데
なまえ を かんじ で
카 끼 마 스
かきます。

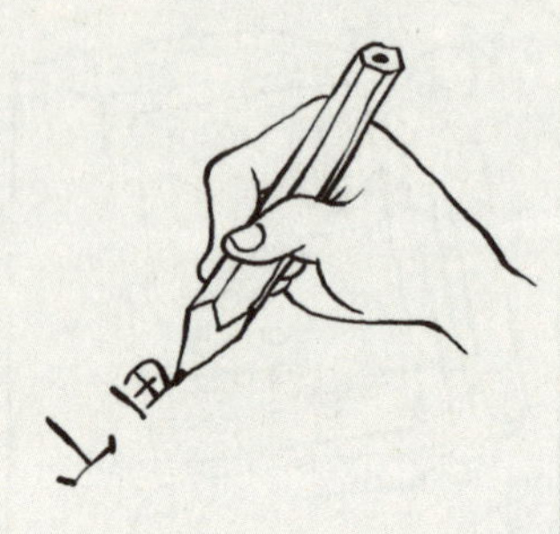

나 마 에 오 에 - 고 데
なまえ を えいご で
카 끼 마 스
かきます。

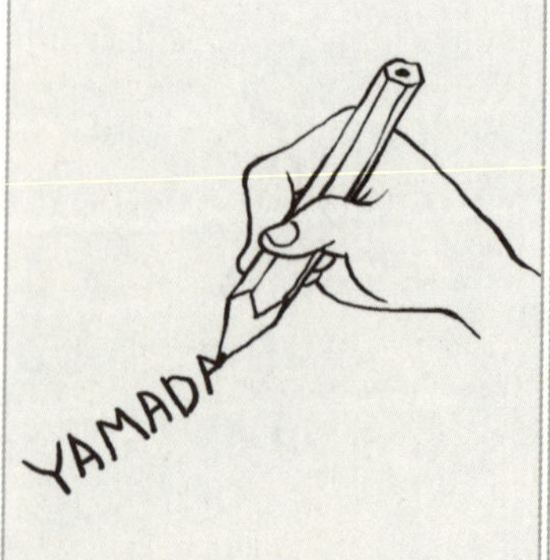

나 마 에 오 캉 꼬 꾸 고 데
なまえ を かんこくご で
카 끼 마 스
かきます。

카레 와 노-또 오
かれ は ノート を
히라끼마스
ひらきます。

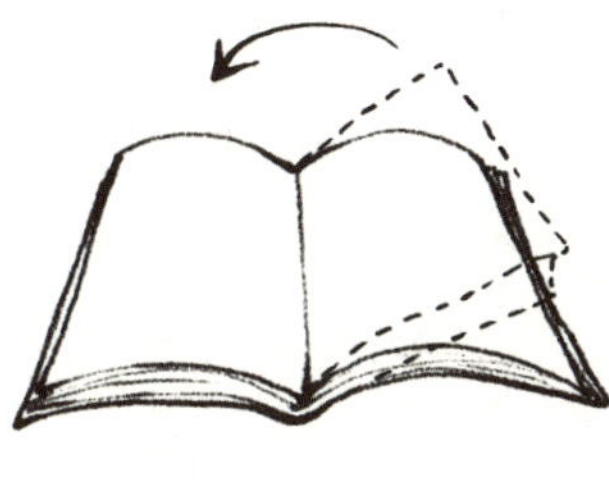

카레 와 또
かれ は 불고기 と
카이떼 이마스
かいて います。

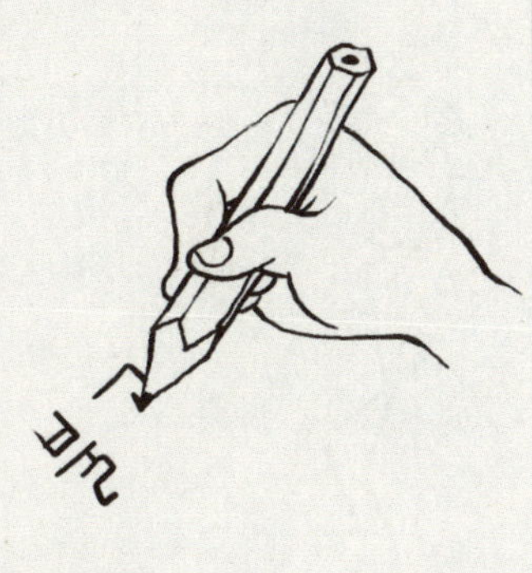

카레 와 또
かれ は 불고기 と
카끼마시따
かきました。

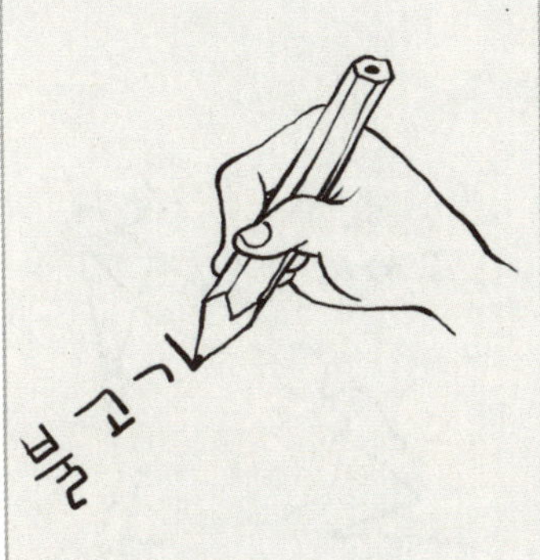

노-또 니 또
ノート に 불고기 と
카이떼 아리마스
かいて あります。

카 레 가 이 시 오 나 게 마 스
かれ が いし を なげます。

와 따 시 와 카 레 가
わたし は かれ が
나 게 따 이 시 니
なげた いし に
아 따 리 마 시 따
あたりました。

아 따 마 가 이 따 이 데 스
あたま が いたい です。

카 레 와 아 야 마 리 마 스
かれ は あやまります。

와 따 시 와 이 스 니
わたし は いす に
스 와 리 마 스
すわります。

와 따 시 와 홍 오
わたし は ほん を
요 미 마 스
よみます。

코 노 홍 와
この ほん は
오 모 시 로 이 데 스
おもしろい です。

와 따 시 와 와 라 이 마 스
わたし は わらいます。

카 노 죠 와
かのじょ は
이 스 니 스 와 리 마 스
いす に すわります。

카 노 죠 와
かのじょ は
도 라 마 오 미 마 스
ドラマ を みます。

코 노 도 라 마 와
この ドラマ は
카 나 시 - 데 스
かなしい です。

카 노 죠 와 나 끼 마 스
かのじょ は なきます。

와 따 시 와
わたし は
노 하 라 오 미 마 스
のはら を みます。

노 하 라 니 우 사 기 가
のはら に うさぎ が
미 에 마 스
みえます。

이 마 우 사 기 와
いま うさぎ は
이 시 노 우 시 로 니 이 마 스
いし の うしろ に います。

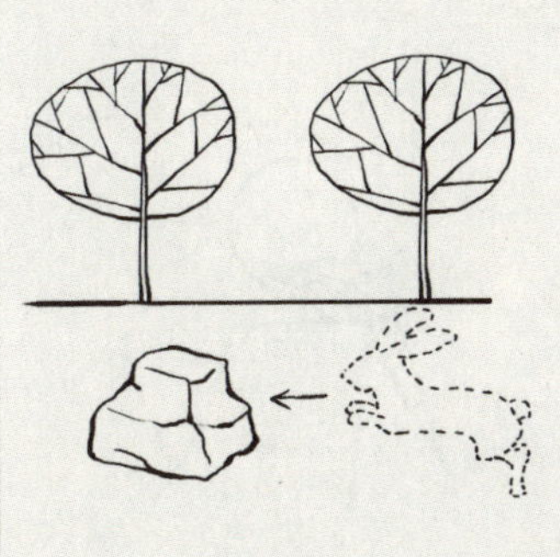

우 사 기 와 미 에 마 셍
うさぎ は みえません。

온 나 노 히또 가
おんな の ひと が
케 - 끼 오 타베마스
ケーキ を たべます。

코노 케 - 끼 와
この ケーキ は
오이시 - 데스
おいしい です。

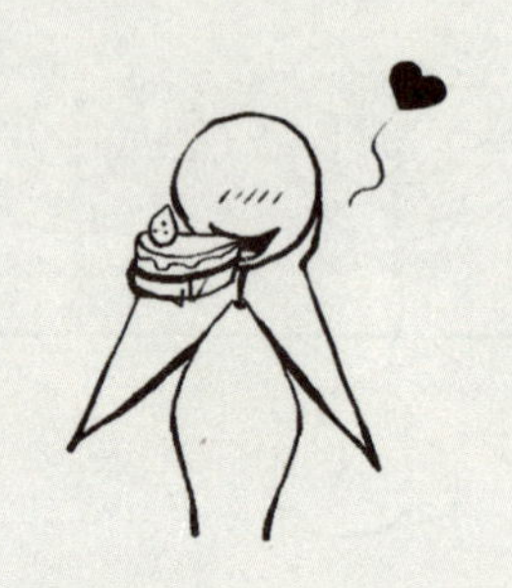

오또꼬 노 히또 모
おとこ の ひと も
케 - 끼 오 타베마스
ケーキ を たべます。

코노 케 - 끼 와
この ケーキ は
우마이 데스
うまい です。

코 노 오 또 꼬 노 나 마 에 와
このおとこのなまえは
야 마 다 코 - 지 데 스
やまだこうじです。

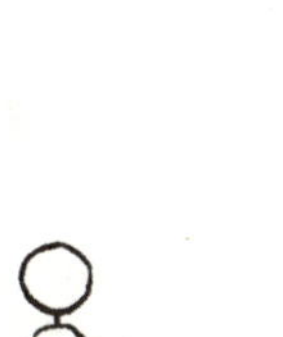

센 세 - 와
せんせいは
카 레 오 야 마 다 꾼 또
かれをやまだくんと
요 비 마 스
よびます。

코 노 온 나 노 나 마 에 와
このおんなのなまえは
스 즈 끼 마 리 데 스
すずきまりです。

센 세 - 와 카 노 죠 오
せんせいはかのじょを
스 즈 끼 마 리 또
すずきまりと
요 비 마 스
よびます。

야 마 다 꿍 와
やまだ くん は
아 사 시 찌 지 니 오 끼 마 스
あさ しち じ に おきます。

고 젱 쿠 지 까 라
ごぜん くじ から
고 고 산 지 마 데
ごご さん じ まで
벵 꾜 – 오 시 마 스
べんきょう を します。

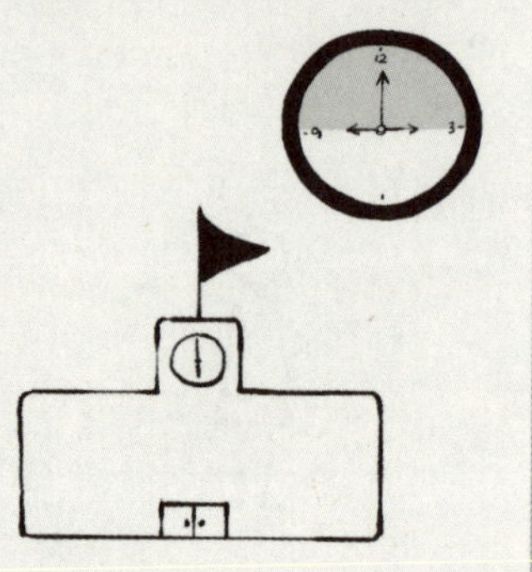

요 루 쥬 – 이 찌 지 니
よる じゅう いちじ に
네 마 스
ねます。

야 마 다 꿍 와
やまだ くん は
하 찌 지 깐 네 마 스
はち じかん ねます。

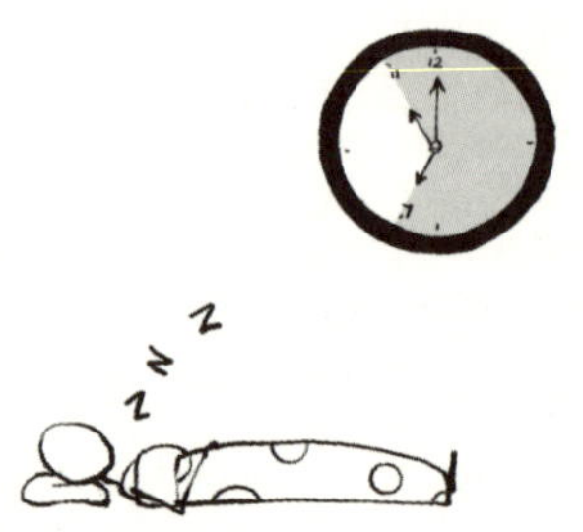

소지인의 서명
Signature of bearer

대 한 민 국 REPUBLIC OF KOREA

여권 PASSPORT

종류/Type
PM

발행국/Issuing country
KOR

여권번호/ Passport No
GY4003313

성/Surname
KIM

이름/Given names
XXXXXXXXX

국적/Nationality
REPUBLIC OF KOREA

생년월일/Date of birth
19 APR 1983

주민등록번호/Personal No
1047938

성별/Sex
M

발급일/Date of issue
27 JUN 2008

발행관청/Authoruty
MINISTRY OF FOREIGN AFFAIRS AND TRADE

기간만료일/Date of expiry
27 JUN 2018

한글성명
김 X X

PMKORKIM<<XXXXXXXXX<<<<<<<<<<<<<<<<<<<<<<<<<<<<<<<<<<<<<

코 노 히 또 와 캉 꼬 꾸 진 데 스
このひと は かんこくじん です。

코 노 히 또 와 오 또 꼬 데 스
このひと は おとこ です。

카 레 와 니 쥬 - 나 나 사 이 데 스
かれ は にじゅうなな さい です。

카 미 노 께 가 미 지 까 이 데 스
かみのけ が みじかい です。

나 마 에 와 김 XX 데 스
なまえ は KIMXX です。

쿠 로 이 후 꾸 오 키 떼 이 마 스
くろい ふく を きて います。

키 링 와 입 삐 끼 이 마 스
キリン は いっぴき います。

펭 깅 와 니 히 끼 이 마 스
ペンギン は にひき います。

토 리 와 상 와 이 마 스
とり は さんわ います。

이 누 와 입 삐 끼 이 마 스
いぬ は いっぴき います。

이 마 와 시 찌 지 한 데 스
いま は しち じ はん です。

카 노 죠 와 네 떼 이 마 스
かのじょ は ねて います。

마 도 와 아 께 떼 아 리 마 스
まど は あけて あります。

소 또 와 아 메 가 훗 떼 이 마 스
そと は あめ が ふって います。

야마다 스즈끼

<やまだ> <すずき>

야마다 상 와후 톳 떼 이 마 스

やまだ さん は ふとって います。

스즈끼 상 와 야세떼 이 마스

すずき さん は やせて います。

야마다 상 와 세비로 오 키 떼 이 마 스

やまだ さん は せびろ を きて います。

스즈끼 상 와 진 - 즈 오 하이 떼 이 마 스

すずき さん は ジーンズ を はいて います。

야마다 상 와카미노께 가 나가이 데스

やまだ さん は かみのけ が ながい です。

스즈끼 상 와카미노께 가 미지까이 데스

すずき さん は かみのけ が みじかい です。

오또꼬 와 바나나 오 타베떼 이마스
おとこ は バナナ を たべて います。

테-브루 노 시따 니 쿠로이 네꼬 가 이마스
テーブル の した に くろい ねこ が います。

테-브루 노 우에 니 혼 또 바나나 가 아리마스
テーブル の うえ に ほん と バナナ が あります。

고미바꼬 니 고미 가 입빠이 아리마스
ごみばこ に ごみ が いっぱい あります。

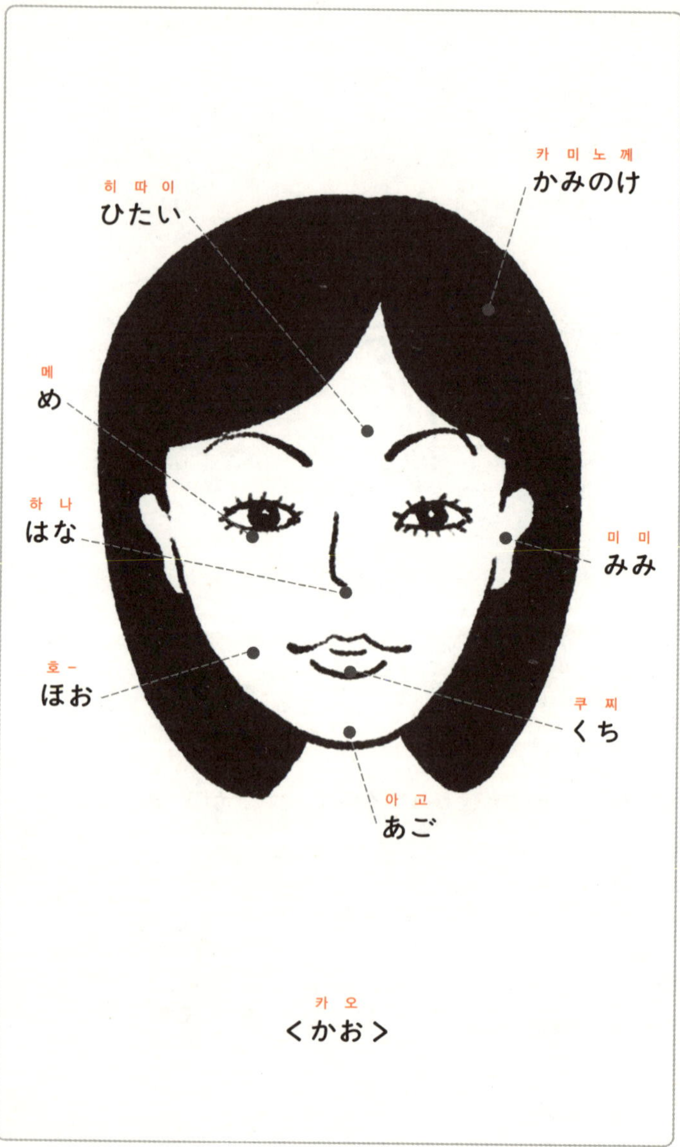
카 미 노 께
かみのけ
히 따 이
ひたい
메
め
하 나
はな
미 미
みみ
호 -
ほお
쿠 찌
くち
아 고
あご
카 오
<かお>

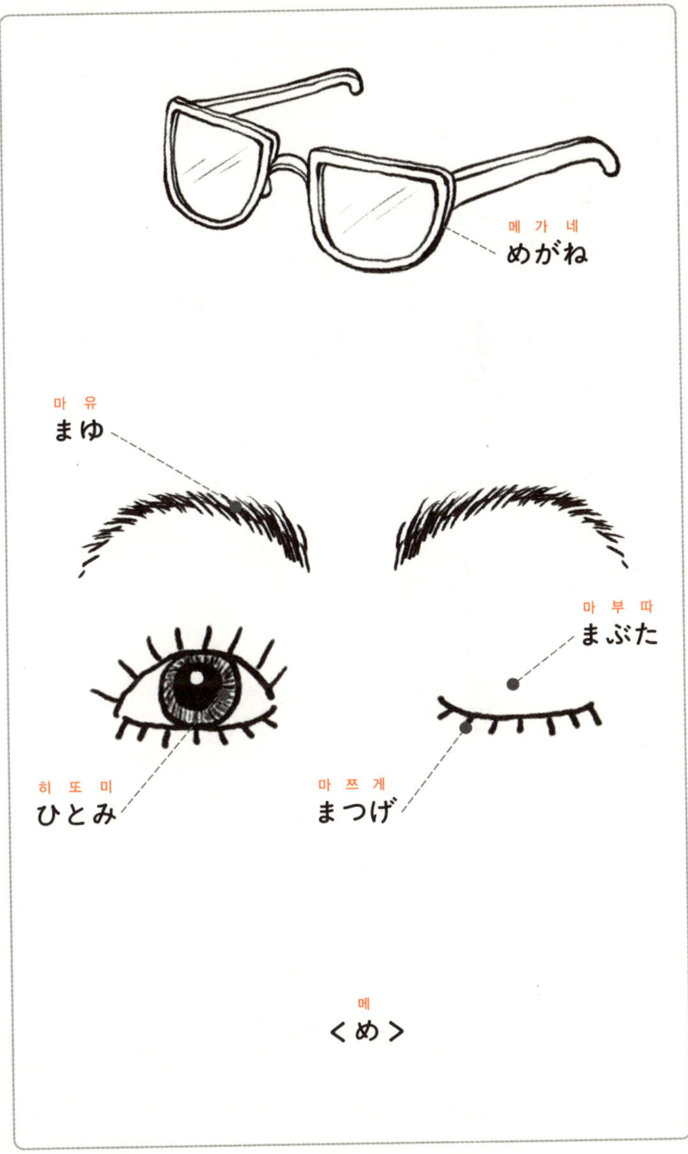
메가네
めがね
마유
まゆ
마부따
まぶた
히또미
ひとみ
마쯔게
まつげ
메
<め>

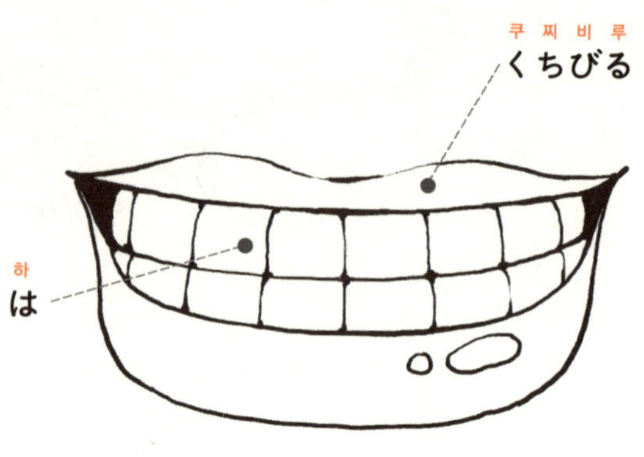

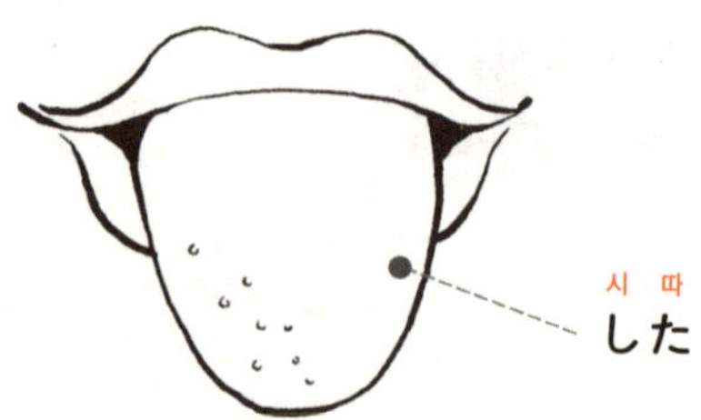

쿠 찌
<くち>

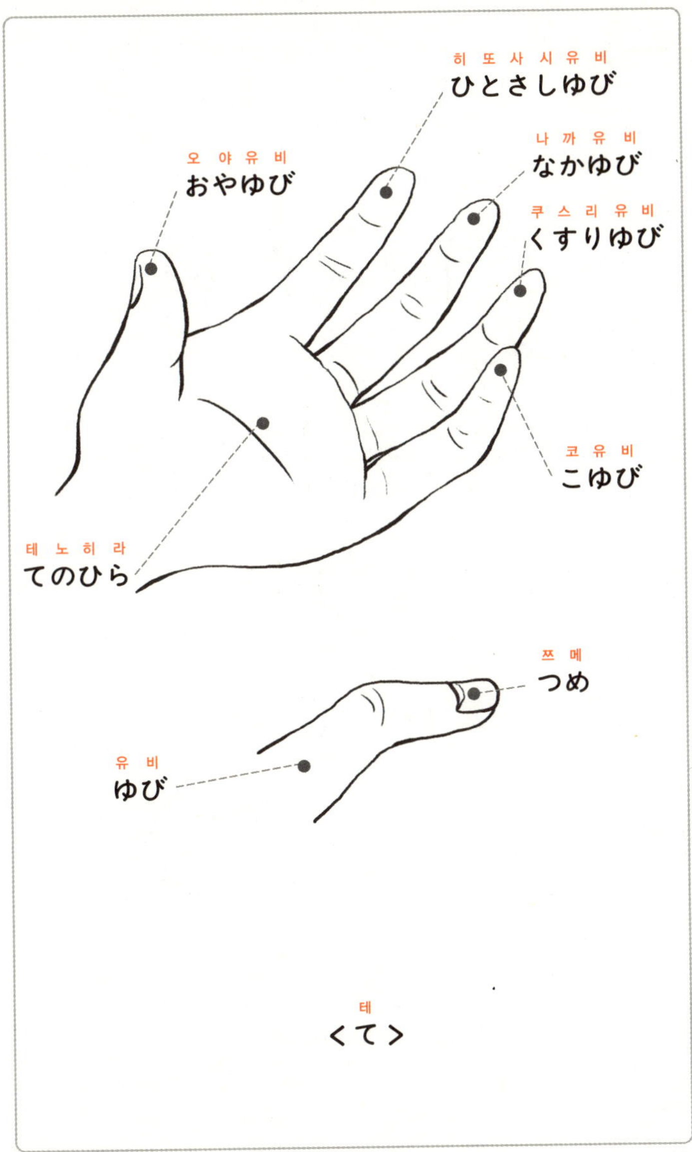
히 또 사 시 유 비
ひとさしゆび
나 까 유 비
なかゆび
오 야 유 비
おやゆび
쿠 스 리 유 비
くすりゆび
코 유 비
こゆび
테 노 히 라
てのひら
쯔 메
つめ
유 비
ゆび

테
<て>

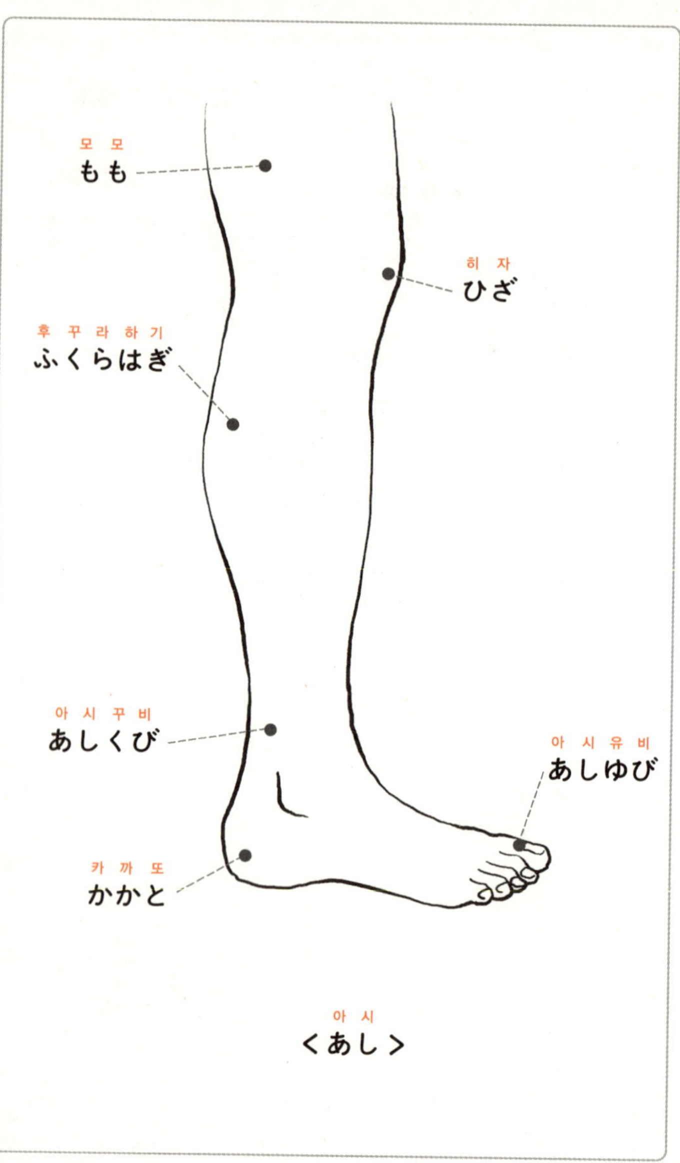
모 모
もも
히 자
ひざ
후 꾸 라 하 기
ふくらはぎ
아 시 꾸 비
あしくび
아 시 유 비
あしゆび
카 까 또
かかと
아 시
<あし>

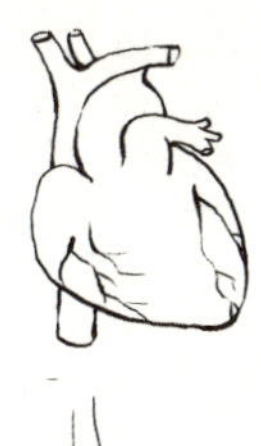

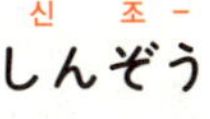

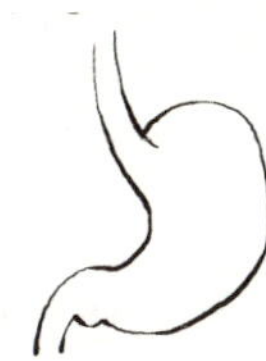

이
い

키 모
きも

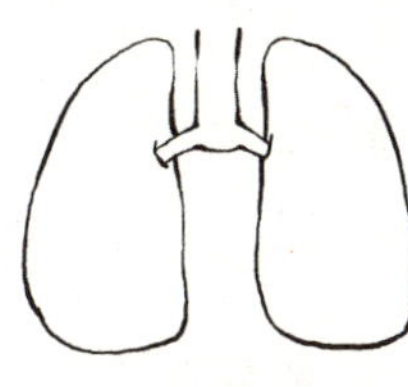

하 이
はい

진 조 -
じんぞう

나 이 조 -
＜ないぞう＞

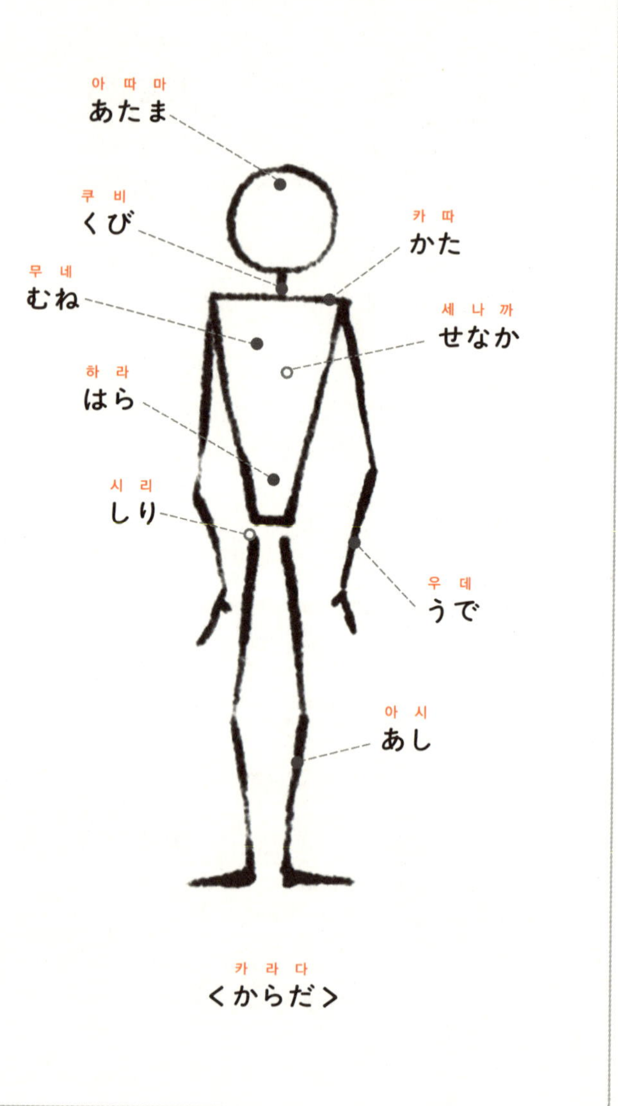

카 라 다
<からだ>

練習問題

EXERCISES

(わたし)
(　　)
(　　)
(　　)

(これ)
(　　)
(　　)
(　　)

これ は (　　　) です。

これ は (　　　) です。

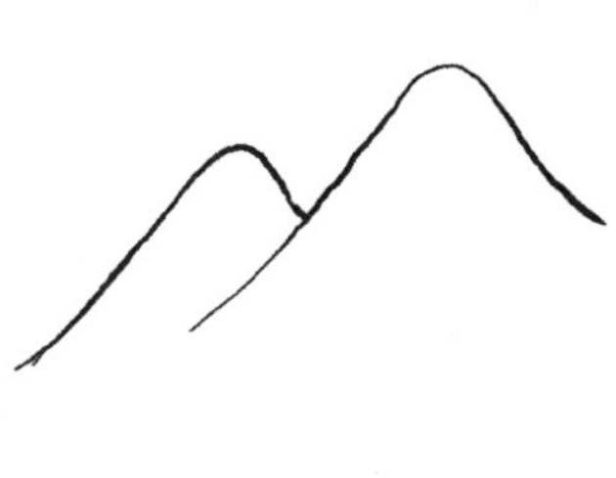

これ は (　　　) です。

これ は (　　　) です。

くも が (あります)。

ねこ が (　　　　)。

くるま が (　　　　)。

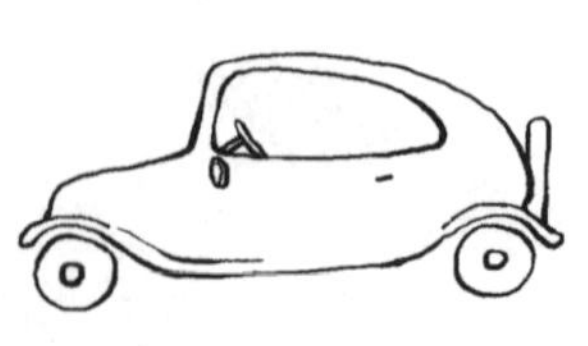

パソコン が (　　　　)。

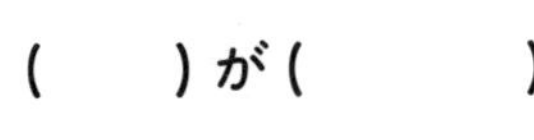

(　　)が(　　　　)。

(　　)が(　　　　)。

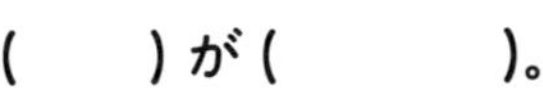

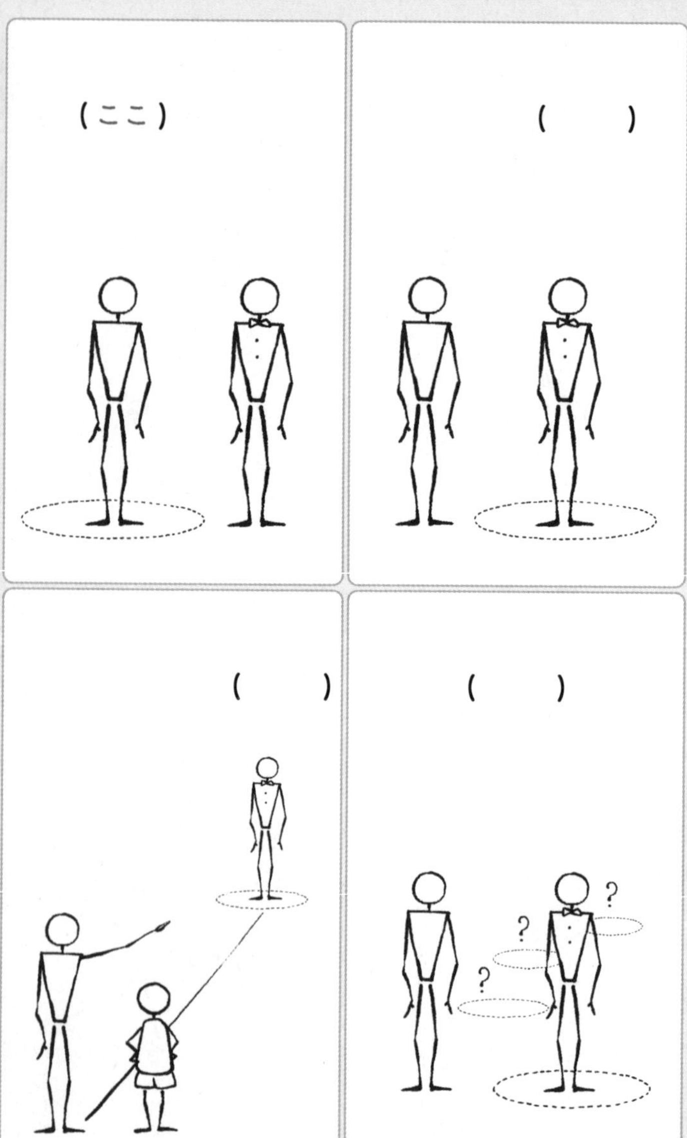

(ここ)
(　　)
(　　)
(　　)

(この)ひと

(　　)ひと

(　　　　)

(　　　　)

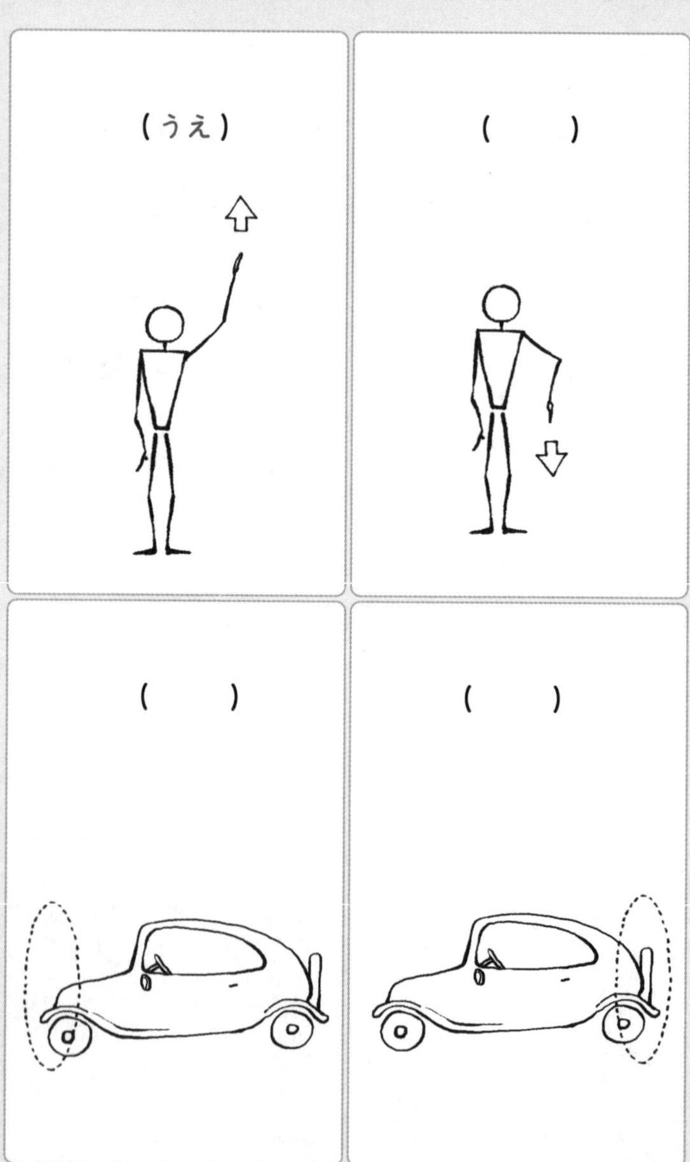

(うえ)
(　　)
(　　)
(　　)

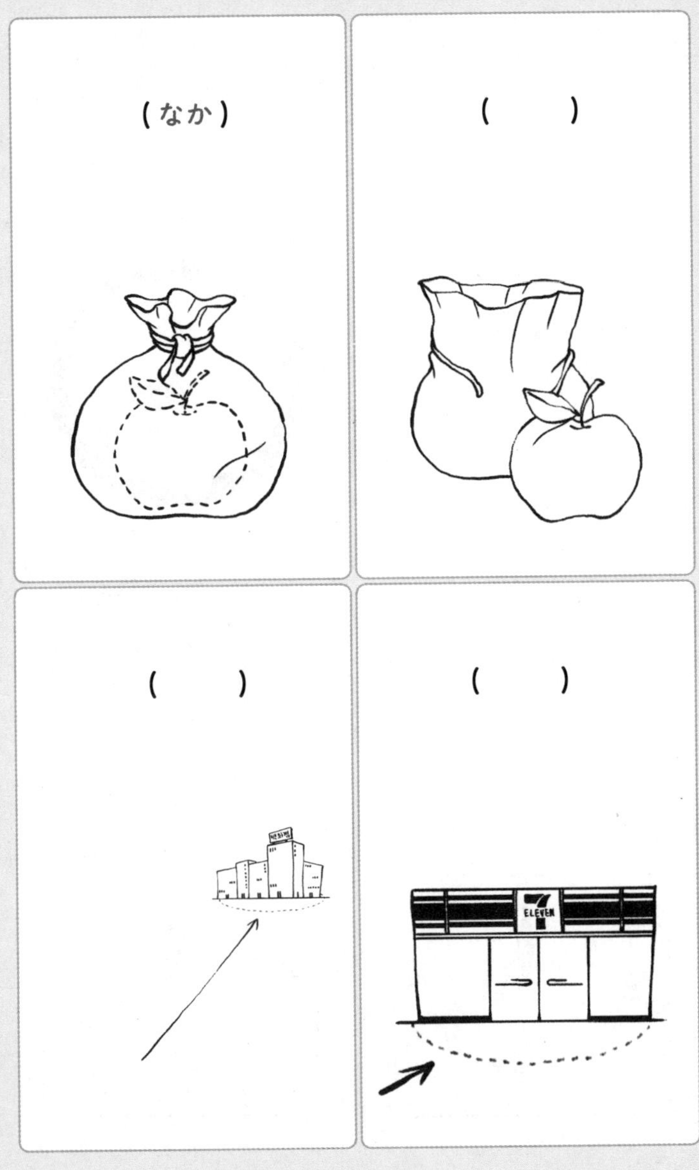
(なか)
(　　)
(　　)
(　　)
ELEVEN

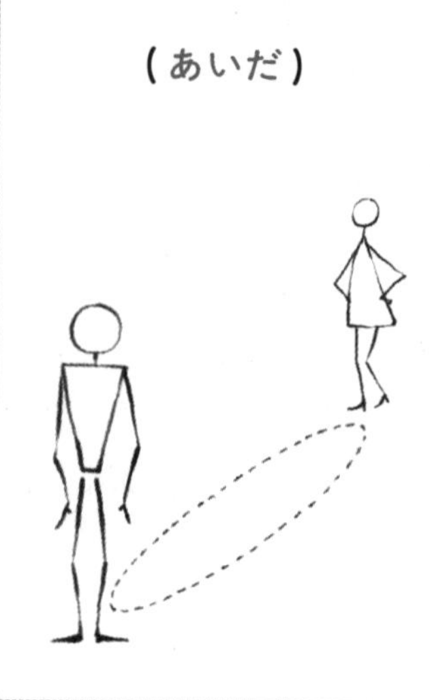
(あいだ)

(さんじ と ろくじ の)
あいだ

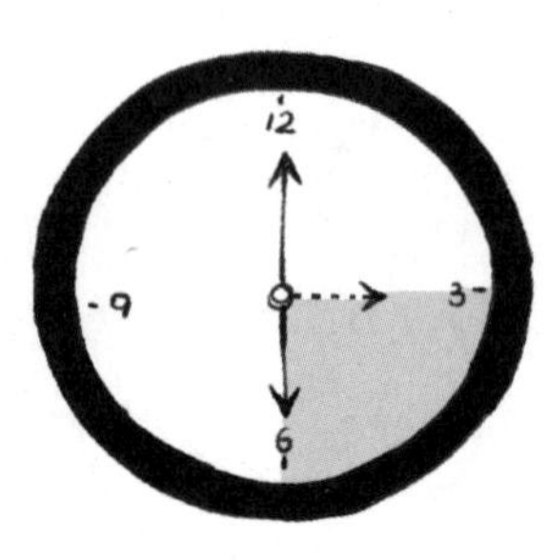
12
9
3
6

(　　　　)

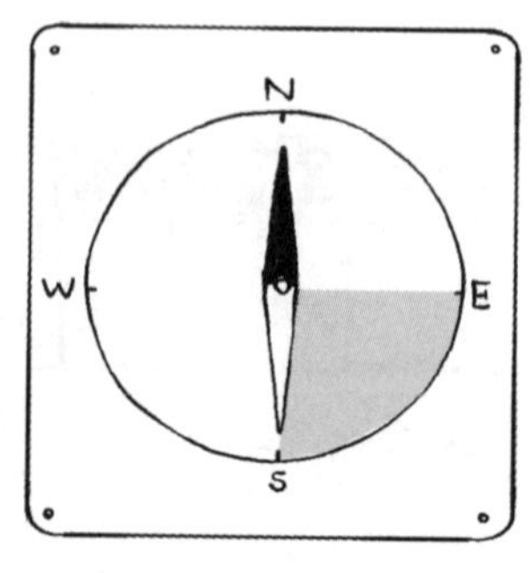
N
W
E
S

(　　　　)

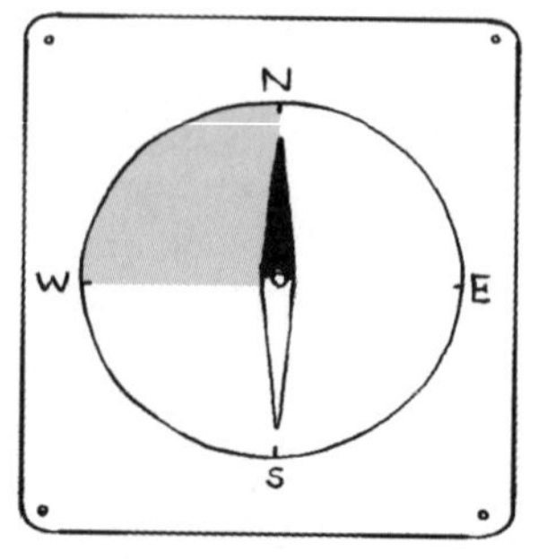
N
W
E
S

わたし（の）ねこ

（　　　　）さる

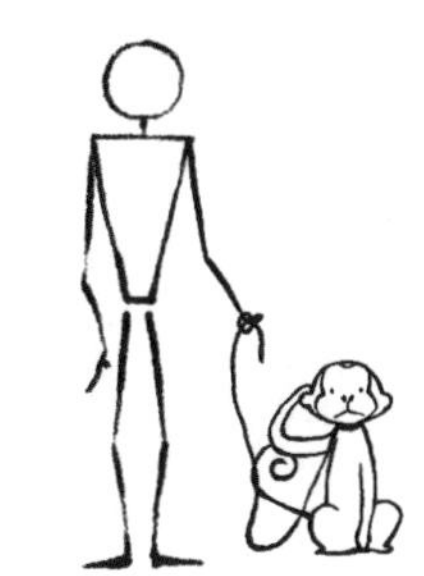

（　　　　）ほん

（　　　　）とり

(おおきい) ねこ

(　　　) ねこ

(　　　) ねこ

(いぬ) では ありません。

(さる) です。

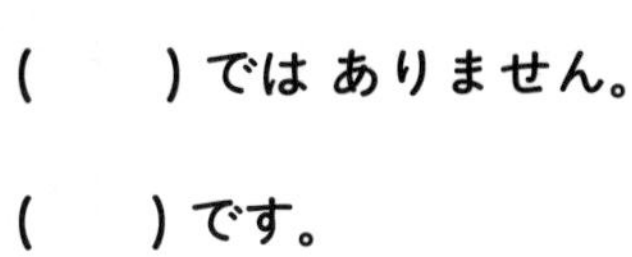

(　　) では ありません。

(　　) です。

(　　) では ありません。

(　　) です。

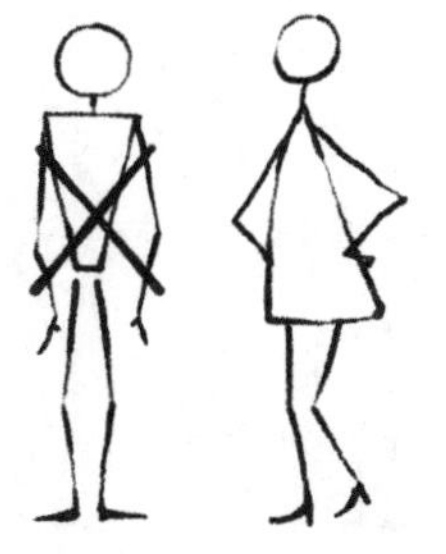

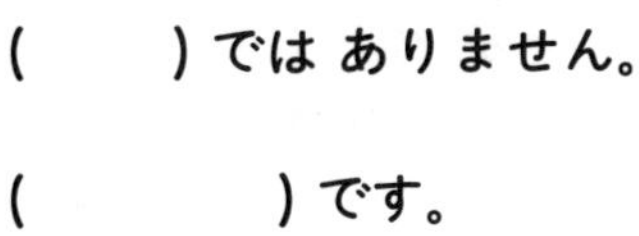

(　　) では ありません。

(　　　　) です。

これ (は) ペン です。

これ (も) ペン です。

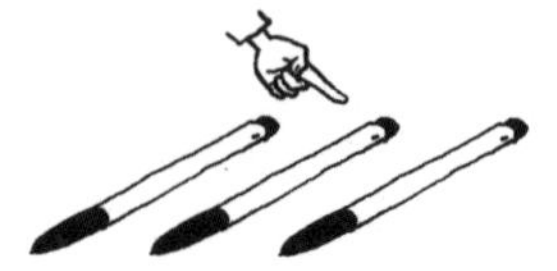

この ひと (　　)
おとこ です。

この ひと (　　　　　　　)。

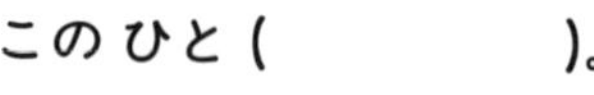

(います)
(あります)
(　　　)
(　　　)
(　　　)
(　　　)
(　　　)
(　　　)
(　　　)

はいる　いれる

でる　だす

はいる　いれる

でる　だす

はいる　いれる

でる　だす

はいる　いれる

でる　だす

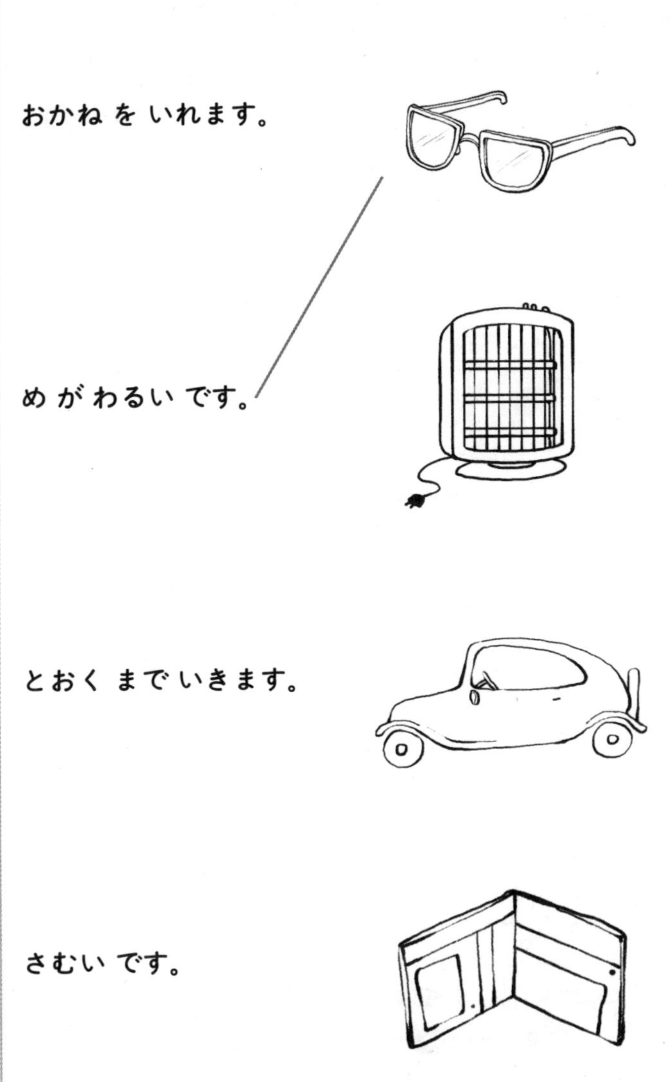
おかね を いれます。
め が わるい です。
とおく まで いきます。
さむい です。

かける

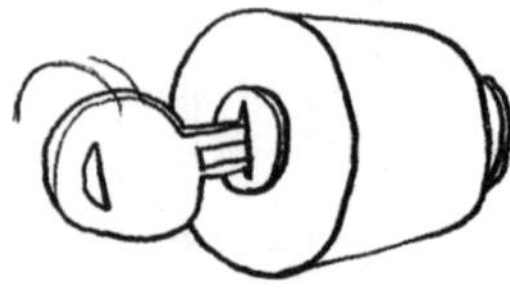

すわる

のる

あける

はしる

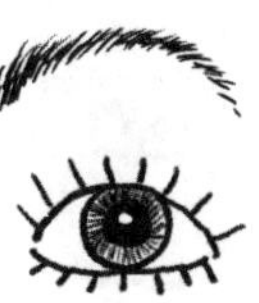

みる

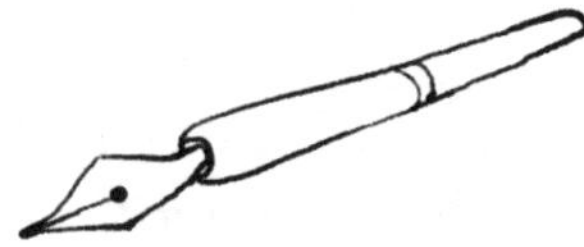

なく

かく

ひとつ

ふたつ

みっつ

よっつ

おおきい

ちいさい

おおきい

ちいさい

おおきい

ちいさい

おおきい

ちいさい

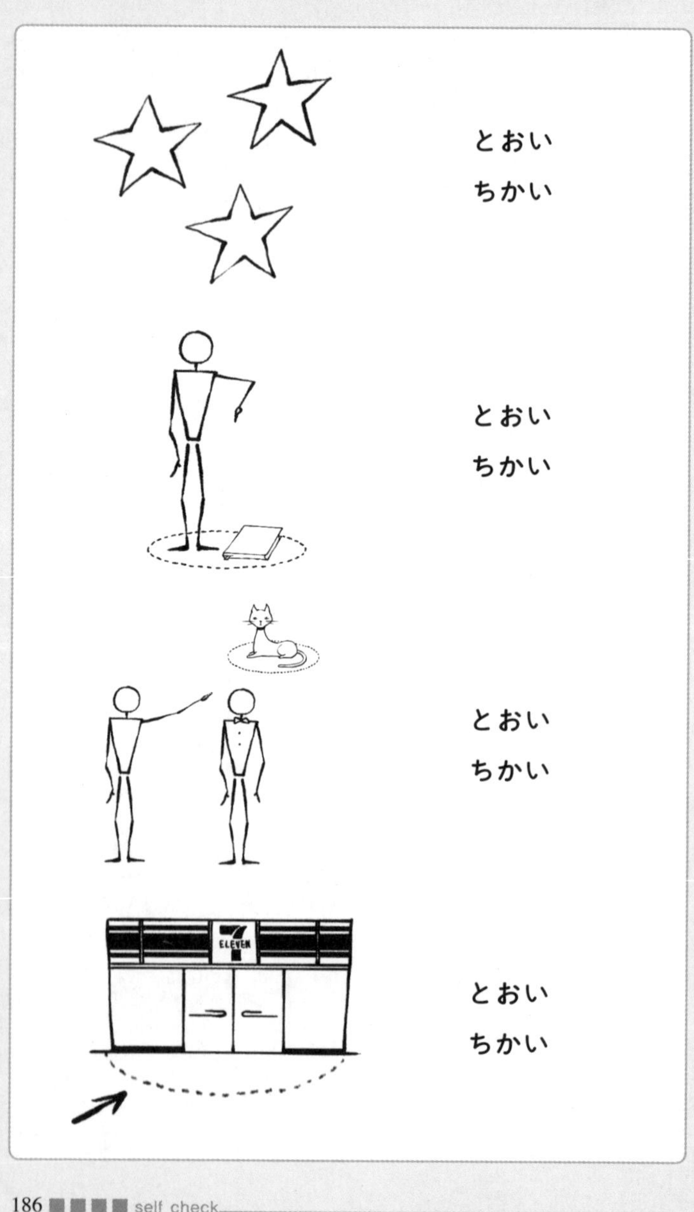
とおい
ちかい
とおい
ちかい
とおい
ちかい
ELEVEN
とおい
ちかい

キリン と いぬ と ねこ と ライオン は

いっぴき ずつ います。

ペンギン は (　　　　　　　　　　　　　　)。

とり は (　　　　　　　　　　　　　　)。

きれいだ　　きたない

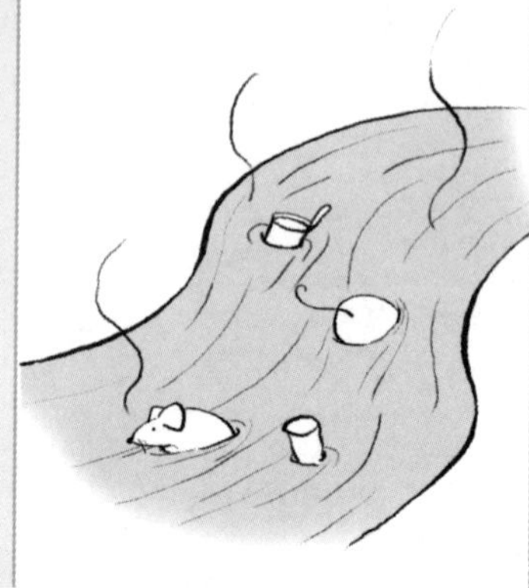

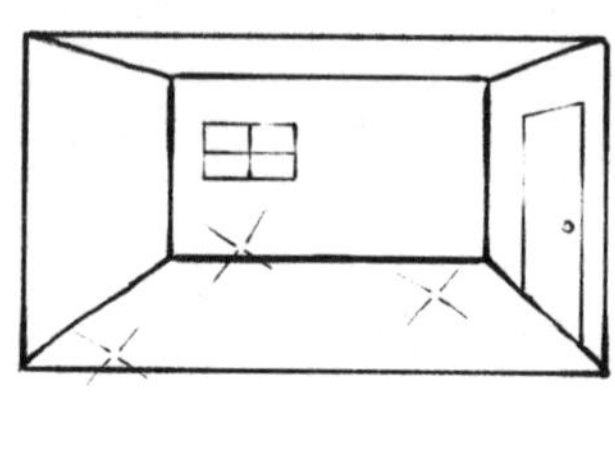

きれいだ　　きたない

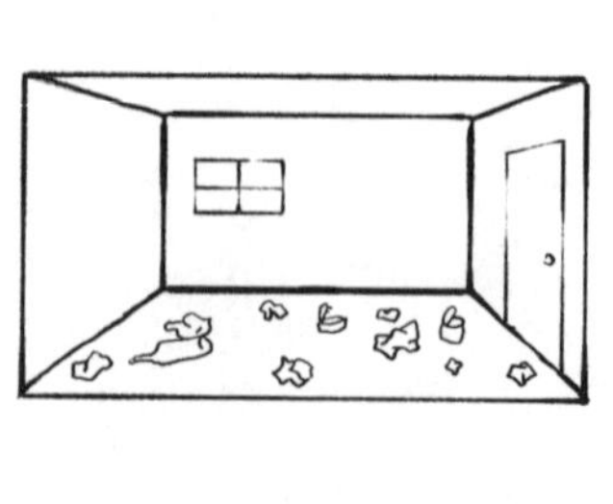

あたたかい　あつい

さむい　あつい

すずしい　さむい

あたたかい　さむい

(どちら, どれ)がすきですか?

(どちら, どれ)がすきですか?

どうぶつ

しょくぶつ

むせいぶつ

じゅうはち

よんじゅうご

はちじゅう

いち

なな

たべもの
のみもの

たべもの
のみもの

たべもの
のみもの

たべもの
のみもの

たべもの
のみもの

たべもの
のみもの

テーブル の (うえ) に (とり) が います。

テーブル の (　　　) に (　　　) が います。

テーブル の (　　　) に (　　　) が あります。

いす の (　　　) に (　　　) が あります。

いす の (　　　) に (　　　) が います。

解答

ANSWERS

165p
あなた
かれ
かのじょ

166p
それ
あれ
どれ

167p
いす
やま
ライオン
けいたい

168p
います
あります
あります

169p
さる / います
キリン / います
いぬ / います
ほし / あります

170p
そこ
あそこ
どこ

171p
その
あの
どの

172p
した
まえ
うしろ

173p
そと
とおい
ちかい

174p
みなみとひがしのあいだ
(ひがしとみなみのあいだ)
きたとにしのあいだ
(にしときたのあいだ)

175p
あなたの
わたしの
だれの

176p
ちいさい
くろい
しろい

177p
テーブル / いす
おとこ / おんな
としより / あかちゃん

178p
は
もおとこです

179p
ありります
ありります
います
います
ありります
ありります
ありります

180p
いれる
だす
でる

181p
おかねをいれます – 지갑
めがわるいです – 안경
とおくまでいきます – 자동차
さむいです – 난로

182p
かける – 휴대전화
すわる – 의자
のる – 버스
あける – 열쇠

183p
はしる – 달리는 사람
みる – 눈
なく – 우는 눈
かく – 펜

184p
ひとつ – 1개
ふたつ – 2개
みっつ – 3개
よっつ – 4개

185p
ちいさい – 아기
ちいさい – 쥐
おおきい – 어른
おおきい – 사자

186p
とおい – 별
ちかい – 책
とおい – 고양이
ちかい – 편의점

187p
にひき います
さんわ います

188p
きたない
きれいだ
きたない
きれいだ

189p
あたたかい
あつい
すずしい
さむい

190p
どちら
どれ

191p
どうぶつ – 사자, 사람
しょくぶつ – 나무
むせいぶつ – 주스, 빵, 펜

192p
いち – 아기
なな – 어린이
じゅうはち – 청년
よんじゅうご – 중년
はちじゅう – 노인

193p
たべもの – 케이크, 햄버거, 밥
のみもの – 주스, 커피, 우유

194p
した / ねこ
そば(となり) / いす(ほん)
うえ / ほん
した / ねずみ

와- 도 리 스 또

ワードリスト

WORD LIST

あいさつ	인사
あいだ	사이
あう	만나다
あかちゃん	아기
あかるい	밝다
あき	가을
あける	열다
あご	턱
あさ	아침
あさって	모레
あさひ	아침 해
あし	다리, 발
あしくび	발목
あした	내일
あしゆび	발가락
あそこ	저기
あたたかい	따뜻하다
あたま	머리
あたる	맞다
あつい	덥다
あな	구멍
あなた	너, 당신
あの	저
あめ	비
あやまる	사과하다
ある	있다
あるく	걷다
あれ	저것
い	위
いいえ	아니오
いう	말하다
いく	가다
いし	돌
いす	의자
いたい	아프다
いちばん	제일
いぬ	개
いま	지금
いる	있다
いれる	넣다

いろいろ	여러 가지
うえ	위
うさぎ	토끼
うしろ	뒤
うち	집
うで	팔
うみ	바다
うるさい	시끄럽다
うんてん	운전
えいご	영어
おいしい	맛있다
おおい	많다
おおきい	크다
おおさか	오사카
おかね	돈
おちる	떨어지다
おとこ	남자
おとな	어른
おはようございます	아침인사
おもう	생각하다
おもしろい	재미있다
おやすみなさい	안녕히 주무세요
おやゆび	엄지손가락
およぐ	헤엄치다
おりる	내리다
おわる	끝나다
おんがく	음악
おんな	여자
~が	~이(가)
カーテン	커튼
かえる	돌아가(오)다
かお	얼굴
かかと	뒤꿈치
かかる	걸리다
かく	쓰다
かける	i (안경)을 쓰다
	ii (전화)를 걸다
かた	i 분
	ii 어깨
がっこう	학교

かなしい	슬프다
かのじょ	그녀
かばん	가방
~から	~부터
かみのけ	머리카락
からだ	몸
かれ	그
かわ	강
かんがえる	생각하다
かんこく	한국
かんこくご	한국어
かんこくじん	한국인
かんじ	한자
き	나무
きく	듣다
きた	북쪽
きたない	더럽다
きのう	어제
きも	간
ぎゅうにゅう	우유
きょう	오늘
きょねん	작년
きらいだ	싫어하다
キリン	기린
きれいだ	깨끗하다
くすりゆび	넷째손가락
くち	입
くちびる	입술
くび	목
くも	구름
くもり	흐림
くらい	어둡다
グラウンド	운동장
くる	오다
くるま	차
くろい	검다
~くん	~군
けいたい	휴대전화
ケーキ	케이크
けっこん	결혼

げんきだ	건강하다
こ	아이
コイン	동전
ここ	여기
ごご	오후
こし	허리
ごぜん	오전
ことし	올해
こども	어린이
この	이
ごはん	밥
ごみ	쓰레기
ごみばこ	쓰레기통
ごめん	미안해
こゆび	새끼손가락
これ	이것
こわい	무섭다
こんげつ	이번 달
こんしゅう	이번 주
こんにちは	낮 인사
こんばんは	저녁 인사
コンビニ	편의점
~さい	~살, 세
さいふ	지갑
さく	피다
サッカー	축구
さむい	춥다
さらいげつ	다다음 달
さらいしゅう	다다음 주
さらいねん	내후년
さる	원숭이
~じ	~시
ジーンズ	청바지
じかん	시간
しずかだ	조용하다
した	i 아래
	ii 혀
しめる	닫다
しゃしん	사진
ジュース	주스

しょうじょ	소녀
しょうねん	소년
しょくぶつ	식물
しり	엉덩이
しろい	희다
じんぞう	콩팥
しんぞう	심장
すきだ	좋아하다
すくない	적다
すずしい	시원하다
~ずつ	~씩
すわる	앉다
せかい	세계
せなか	등
せびろ	양복
せまい	좁다
せんげつ	지난달
せんしゅう	지난주
そうじ	청소
そこ	거기
そと	밖
その	그
そら	하늘
それ	그것
だいこん	무
たいよう	태양
たかい	높다, 비싸다
たくさん	많음
タクシー	택시
たす	더하다
だす	꺼내다
~たち	~들
たつ	서다
たべもの	음식
たべる	먹다
だんだん	점점
ちいさい	작다
ちかい	가깝다
ちかく	가까운 곳
つき	달

つめ	손톱
~で	~에서, ~로
て	손
テーブル	테이블
できる	할 수 있다
てのひら	손바닥
デパート	백화점
でる	나오다
テレビ	텔레비전
~と	~와(과)
ドア	문
とう	동물을 세는 단위
とうきょう	도쿄
どうぶつ	동물
とおい	멀다
とおく	먼 곳
どこ	어디
としより	노인
とじる	닫다, 감다
どちら	어느 쪽
とても	매우
となり	옆
どの	어느
ともだち	친구
ドラマ	드라마
とり	새
どれ	어느 것
トンネル	터널
なか	안
ながい	길다
なかゆび	가운뎃손가락
~ながら	~ 하면서
なく	울다
なげる	던지다
なつ	여름
~など	~등
なん	무엇
なまえ	이름
なみだ	눈물
なる	되다

なんじ	몇 시
なんにん	몇 명
~に	~에
にし	서쪽
にせもの	가짜
にほん	일본
にほんじん	일본인
ねこ	고양이
ねずみ	쥐
ねる	자다
~の	~의
のはら	들판
のみもの	음료
のむ	마시다
のる	타다
~は	~은(는)
バーガー	햄버거
はい	네
はいる	들어가다
はじめる	시작하다
はしる	달리다
バス	버스
パソコン	컴퓨터
はな	i 꽃
	ii 코
バナナ	바나나
はなみ	꽃구경
はブラシ	칫솔
はら	배
はる	봄
はれ	갬, 맑음
パン	빵
ひ	해
ひがし	동쪽
~ひき	~마리
ひく	i (커튼을)치다
	ii 빼다
ひくい	낮다
ひざ	무릎
ひたい	이마

ひと	사람
ひとさしゆび	집게손가락
ひとみ	눈동자
ひとり	한 명, 혼자
びょうき	병
ひらく	열다
ひる	낮
ひろい	넓다
ふたり	두 명
ふとる	살찌다
ふね	배
ふゆ	겨울
プラス	더하기
ブランドひん	명품
ふる	(비가)내리다
～へ	～로
へそ	배꼽
へや	방
ペン	펜
べんきょう	공부
ぼうし	모자
ほお	뺨
ホームラン	홈런
ボールペン	볼펜
ポケット	주머니
ほし	별
ボックス	상자
ほん	책
マイナス	빼기
まえ	앞
まつげ	속눈썹
～まで	～까지
まど	창
まぶた	눈꺼풀
まゆ	눈썹
みえる	보이다
みけねこ	얼룩 고양이
みじかい	짧다
みず	물
みち	길

みなみ	남쪽
みみ	귀
みらい	미래
みる	보다
みんな	모두
むずかしい	어렵다
むせいぶつ	무생물
むね	가슴
め	눈
めがね	안경
~も	~도
もも	허벅지
もんだい	문제
やきゅう	야구
やさしい	쉽다
やすい	싸다
やせる	마르다
やま	산
ゆき	눈
ゆび	손가락
ゆめ	꿈
~より	~보다
よる	밤
ライオン	사자
らいげつ	다음 달
らいしゅう	다음 주
らいねん	내년
ラジオ	라디오
ランチ	점심
りょうしん	부모님
りんご	사과
ロックする	잠그다
わ	조류를 세는 단위
わかもの	청년, 젊은이
わかる	알다
わたし	나
わらう	웃다
わる	나누다
わるい	나쁘다
~を	~을

붐 보 ~

基礎文法

BASIC GRAMMAR

조사 / 조동사

- **~は** : ~은 / 는
- **~が** : ~이 / 가
- **~の** : ~의
- **~に** : ~에 (목적, 위치)
- **~へ** : ~로 (방향)
- **~で** : ~에서 (장소), ~로 (수단)
- **~を** : ~을 / 를
- **~も** : ~도
- **~と** : ~와 / 과
- **~から** : ~부터, ~때문에 (이유)

- **~まで** : ~까지
- **~より** : ~보다, ~부터
- **~だ** : ~이다
- **~ではない** : ~가 아니다
- **~です** : ~입니다
- **~ではありません** : ~가 아닙니다
- **~ます** : ~합니다
- **~ません** : ~하지 않습니다
- **~ています** : ~하고 있습니다
- **~ていません** : ~하고 있지 않습니다

형용사

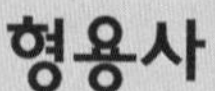

- たかい : 높다
- たかくない : 높지 않다
- たかかった : 높았다
- たかくて : 높고
- たかく : 높이
- たかい やま : 높은 산

- **すきだ** : 좋아하다.
- **すきではない** : 좋아하지 않다
- **すきだった** : 좋아했다
- **すきで** : 좋아하고
- **すきに** : 좋아하게
- **すきな ひと** : 좋아하는 사람

5단동사 る로 끝나지 않는 동사

- **まつ** : 기다리다
- **まちます** : 기다립니다
- **またない** : 기다리지 않다
- **まって** : 기다리고
- **まった** : 기다렸다
- **まて** : 기다려라
- **まてば** : 기다리면
- **まとう** : 기다리자

- **のる** : 타다
- **のります** : 탑니다
- **のらない** : 타지 않다
- **のって** : 타고
- **のった** : 탔다
- **のれ** : 타라
- **のれば** : 타면
- **のろう** : 타자

상1단동사 る로 끝나고 る 앞이 い인 동사

- おきる : 일어나다
- おきます : 일어납니다
- おきない : 일어나지 않다
- おきて : 일어나고
- おきた : 일어났다
- おきろ: 일어나라
- おきれば : 일어나면
- おきよう : 일어나자

- **たべる** : 먹다
- **たべます** : 먹습니다
- **たべない** : 먹지 않다
- **たべて** : 먹고
- **たべた** : 먹었다
- **たべろ** : 먹어라
- **たべれば** : 먹으면
- **たべよう** : 먹자

변격동사 불규칙 활용을 하는 동사

- **する** : 하다
- **します** : 합니다
- **しない** : 하지 않다
- **して** : 하고
- **した** : 했다
- **しろ**: 해라
- **すれば** : 하면
- **しよう** : 하자

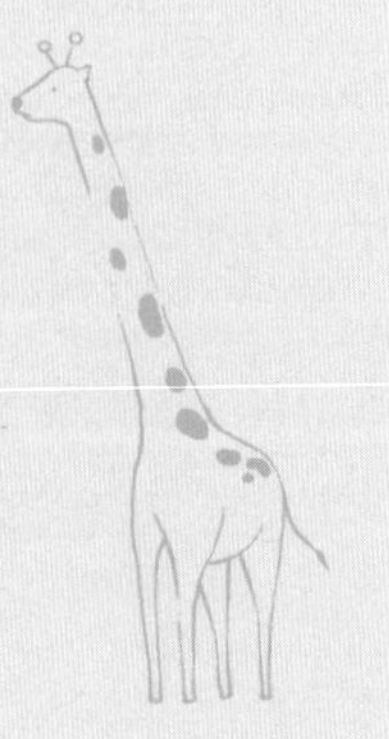

- **くる** : 오다
- **きます** : 옵니다
- **こない** : 오지 않다
- **きて** : 오고
- **きた** : 왔다
- **こい** : 와라
- **くれば** : 오면
- **こよう** : 오자

ひらがな 히라가나

	아	이	우	에	오
아	あ	い	う	え	お
카	か	き	く	け	こ
사	さ	し	す	せ	そ
타	た	ち	つ	て	と
나	な	に	ぬ	ね	の
하	は	ひ	ふ	へ	ほ
마	ま	み	む	め	も
야	や		ゆ		よ
라	ら	り	る	れ	ろ
와	わ		を		ん

카타카나 カタカナ

아	이	우	에	오	
ア	イ	ウ	エ	オ	아
カ	キ	ク	ケ	コ	카
サ	シ	ス	セ	ソ	사
タ	チ	ツ	テ	ト	타
ナ	ニ	ヌ	ネ	ノ	나
ハ	ヒ	フ	ヘ	ホ	하
マ	ミ	ム	メ	モ	마
ヤ		ユ		ヨ	야
ラ	リ	ル	レ	ロ	라
ワ		ヲ		ン	와

Restart 日本語

1판 1쇄 2009년 5월 13일
28쇄 2016년 6월 30일

지 은 이 바른일어연구회

발 행 인 주정관
발 행 처 북스토리(주)

주 소 경기도 부천시 원미구 길주로 1 한국만화영상진흥원 311호
대표전화 032-325-5281
팩시밀리 032-323-5283
출판등록 1999년 8월 18일 (제22-1610호)

홈페이지 www.ebookstory.co.kr
이 메 일 bookstory@naver.com

ISBN 978-89-93480-17-7 13730
978-89-93480-25-2 (세트)